NORTH-EAST

LA CONSTRUCCIÓN

MONOGRAFÍAS DE
LA CONSTRUCCIÓN

Manual
de jardinería

Carina Ballesta Andonaegui

ceac técnico
construcción

En la ilustración del presente manual han colaborado David Barbado (diseñador gráfico) y Francisco Jurado (fotó-grafo), así como los responsables correspondientes de las empresas que han facilitado material gráfico de sus productos, y que se reseñan junto a las correspondientes ilustraciones.

Diseño de cubierta y producción: EdiDe, S.L.
Asesoramiento de la colección: Jorge Molina, Catedrático de Enseñanza Secundaria

© del texto: Carina Ballesta Andonaegui
© Ediciones Ceac, S.A., 2006
Planeta DeAgostini Profesional y Formación, S.L.
Avda. Diagonal, 662-664 - 08034 Barcelona (España)
www.editorialceac.com
info@editorialceac.com

ISBN-13: 978-84-329-1599-4
ISBN-10: 84-329-1599-8
Depósito legal: B-43.012-2006
Impreso en España por Grafos, S.A. Arte sobre papel

Índice

Presentación

La presente obra se realiza con la intención de ser una ayuda para aquellos aficionados que desean incorporar plantas a su entorno, pero también para quienes, por motivos profesionales, necesitan adquirir unos conocimientos elementales de forma rápida y cómoda sobre el ajardinamiento de espacios.

Se incluyen consejos prácticos para el diseño en vez de diseños concretos, ya que cada caso es específico, no sólo en cuanto a las condiciones físicas y ambientales, sino también en lo referente a los gustos personales y, sobre todo, al uso al que vaya a estar destinada la zona ajardinada y al tiempo dedicado a su mantenimiento.

Especial atención merece el punto de cubiertas ecológicas por lo interesante de su empleo.

Finalmente, quiero agradecer la colaboración desinteresada prestada por diversas casas comerciales: Bellota (herramientas), Oase (estanques), Euroadoquín (prefabricados de hormigón), Stihl (maquinaria), Comercial Química Masso, S. A. (fitosanitarios), Hobbyflower (hidrojardineras) y Danosa (cubiertas ecológicas). Y especialmente a los colaboradores: David Barbado (Digital Grafic) por el asesoramiento gráfico, Roberto Sánchez (Xauri) por la resolución de los problemas informáticos y Francisco Jurado por la fotografía y apoyo.

Carina Ballesta Andonaegui

1

INTRODUCCIÓN

Estilos

A la hora de diseñar un espacio ajardinado resulta muy útil recurrir a las características de los estilos históricos de jardines, si no para implantar uno de ellos, sí para que nos sirvan de inspiración y nos faciliten el dar forma a nuestras ideas.

Renacentista, clásico o formal

De desarrollo *italiano* durante el siglo XVI a partir de los comedidos jardines castellanos y claustrales del Medievo, fue intensificado por los *franceses* en el siglo XVII, que le incorporaron los parterres de setos recortados y potenciaron el uso de estatuas y fuentes ornamentales. Supone el dominio absoluto de la naturaleza por la mano del hombre, sometiéndola a formas geométricas en simetría. El diseño estructura el espacio en perspectiva y con distintos niveles, mediante terrazas y escalinatas, mientras que los caminos rectilíneos suponen los ejes fundamentales. Los elementos arquitectónicos son muy importantes e incluso en algunos casos los vegetales se supeditan a éstos y se usan para enmarcarlos y resaltarlos. La vegetación se esculpe al igual que el material arquitectónico que la rodea, desarrollándose el llamado *arte topiario* (figura 1.1).

Inglés o paisajista

El estilo inglés se empezó a desarrollar a principios del siglo XVIII. Se caracteriza por mostrar la naturaleza (del clima inglés), pero de una forma idealizada, ocultando o eliminando las imperfecciones. Su objetivo es dar

Figura 1.1. Ejemplo de jardín formal, en el que el mobiliario se adapta perfectamente al estilo, así como el camino.

sensación de amplitud y libertad, mostrando una naturaleza sin defectos. Permite que una densa vegetación se desarrolle de forma aparentemente libre, manteniendo las intervenciones de la mano del jardinero lo más desapercibidas posible. Incluye un gran número de especies distintas, pero mayoritariamente autóctonas, que muestran los cambios estacionales. Los árboles se utilizan en grupos, a semejanza de bosquetes, y el césped se incorpora con profusión. Aprovechando desniveles naturales de suaves colinas, huye de las líneas rectas, incluso en los caminos.

Mediterráneo

Se otorga esta denominación al jardín integrado por especies aromáticas y otras especies de clima cálido, predominando las autóctonas de la región mediterránea, con pocas necesidades hídricas y bajo mantenimiento general. Característico de este tipo de jardín también resulta la ausencia de praderas o su reducción a la mínima expresión, por lo que la tierra, el suelo desnudo o el *mulching* de grava o corteza de pino pasan a ser elementos que se pueden observar en numerosos puntos y amplias superficies. Otros elementos no vegetales empleados son la piedra (ya sea en muros, caminos o borduras) y grandes macetas de barro cocido.

Japonés

La esencia del estilo japonés es la simplicidad y el simbolismo de los elementos que componen el espacio del jardín. Estos elementos básicos son tres: la piedra (símbolo de eternidad y quietismo), el agua y el árbol, pero de la piedra emana tal fuerza que puede llegar a sustituir a los demás elementos. La vegetación queda siempre en un segundo plano. Para la estética occidental esta característica resulta muy llamativa, ya que tenemos profundamente arraigada la impresión de la vegetación como elemento constituyente, fundamental e imprescindible de un jardín. El número de elementos que lo integran ha de ser el menor posible: la grava rastrillada es el más característico, seguido del puente de madera.

Orientaciones

Actualmente, en paisajismo, más que de estilos, se habla de orientaciones. Podríamos indicar como tendencias de jardín más relevantes las siguientes: autóctona, agrícola, forestal y a la moda.

Jardín autóctono

Así podemos considerar el jardín inglés en el Reino Unido o el mediterráneo en la cuenca mediterránea (figura 1.2). Es el jardín en el que se emplean

Figura 1.2. Jardín autóctono mediterráneo. La yuca es de origen americano, por lo que para un mediterráneo estricto se debería sustituir por una pita o una zadiva (*Aloe vulgaris*), por ejemplo.

especies autóctonas para reproducir un paisaje que podemos encontrar de forma natural en el exterior. Supone la incorporación de la ecología en el diseño por muchos aspectos: al emplear especies perfectamente adaptadas al medio conseguimos una alta sostenibilidad, no introducimos especies foráneas (no sólo vegetales, sino también plagas o enfermedades asociadas) y recuperamos especies que en la jardinería tradicional no se empleaban.

Jardines agrícola y hortícola

Estos jardines aúnan la utilización de especies agrícolas u hortícolas con la imagen típica de estos espacios. En el caso del jardín agrícola las especies pueden ser arbóreas (olivo, frutales) u otras de menor desarrollo como vid o lavanda. La estética reproducida se caracteriza por la uniformidad propia de las parcelas de cultivo y el cambio estacional. En el jardín hortícola se reproduce el orden geométrico y las formas de manejo del suelo: surcos y eras.

Jardín forestal

El jardín forestal es una opción a emplear en parques extensos, ya que exige grandes espacios. Supone la introducción de numerosos ejemplares arbóreos de varias especies que crezcan juntas en la naturaleza, es decir, que formen combinaciones naturales. Su disposición puede ser rítmica, pero no en un marco de plantación geométrico; se dejan claros y se combinan con arbustos a modo de sotobosque.

Jardín «a la moda»

El jardín «a la moda» es aquel en el que las formas y el color están inspirados en tendencias de una variante artística en boga, principalmente en pintura. Supone trabajar las especies vegetales como elementos de diseño y de igual manera que en cualquier otro ámbito, como la arquitectura, la moda, etcétera.

2

ELEMENTOS BÁSICOS DE UN JARDÍN

Elementos naturales

Suelo

El suelo es un condicionante fundamental para la elección de las plantas de un jardín y para todos los aspectos de su mantenimiento, como el riego, el abonado, la lucha contra las malas hierbas, etc. La importancia del suelo radica en que es el medio en el que se desarrollan las raíces y del que toman el agua y los demás nutrientes (la «despensa» de la planta, para hacer una comparación sencilla). Si no presenta las propiedades adecuadas, las necesarias para el óptimo desarrollo de la vegetación que queramos que sustente, tendremos necesariamente que modificarlas. La modificación de una o varias características del suelo recibe el nombre de *enmienda*.

De las propiedades que caracterizan un suelo las más relevantes para la vegetación son las siguientes:

- *Propiedades físicas*: textura, estructura, porosidad.
- *Propiedades químicas*: pH.

Textura del suelo

El suelo está compuesto por dos clases de partículas sólidas según su origen, las minerales y las orgánicas. En la textura influyen sólo las minerales. Estas partículas se clasifican en dos grupos:

- Gruesas: > 2 mm.
- Finas: < 2 mm.
  - Arena: de 2 a 0,05 mm.
  - Limo: de 0,05 a 0,002 mm.
  - Arcilla: < 0,002 mm.

La textura de un suelo es la proporción relativa de arena, limo y arcilla que contiene.

En función de esta proporción tenemos tres tipos principales de suelos (tabla 2.1).

Tabla 2.1. Tipos principales de suelos

Tipo de suelo según su textura	Composición (aprox.)	Características de manejabilidad
Arenoso	Arena +70%	Suelo suelto o ligero
Franco	Arena +30, −50%; limo −50%; arcilla −30%	Suelo óptimo
Arcilloso	Arcilla +40%	Suelo pesado

Cada una de las clases de partículas confiere unas características determinadas al suelo.

- La *arena* favorece la circulación del agua (absorción y drenaje), la aireación, el trabajo del suelo y el desarrollo de un sistema radicular extenso. Cuando su proporción es excesiva, estamos ante un suelo arenoso, con los siguientes problemas: pierde rápidamente el agua de lluvia o riego (por evaporación superficial y por profundización excesiva), lo que obliga a realizar riegos frecuentes y de escaso volumen. Además, presenta baja fertilidad por no poder retener los nutrientes, y acusa los cambios de temperatura ambiental (es muy caliente durante el verano).
- La *arcilla*, y en menor medida el *limo*, favorecen la retención del agua y de los nutrientes, mejorando la fertilidad. Pero los suelos arcillosos o limosos presentan serios problemas, principalmente por su comportamiento con respecto al agua: dificultan enormemente la circulación de agua y de aire, lo que provoca encharcamientos y asfixia radicular. Impiden el desarrollo del sistema radicular. Son difíciles de trabajar y, cuando están húmedos, se adhieren a la herramienta.

El *suelo franco* es el que presenta las mejores condiciones para el desarrollo de las plantas, ya que al estar integrado proporcionalmente por los tres tipos de partículas aúna las ventajas de las tres y se contrarrestan unas a otras los inconvenientes.

Para *corregir la textura* y conseguir un suelo franco a partir de un suelo arenoso se añade arcilla (enmienda arcillosa) o abono orgánico (enmienda orgánica). Para conseguir un suelo franco a partir de un suelo arcilloso se añade arena (enmienda arenosa), cal (enmienda caliza) o abono orgánico; además, se puede incorporar un drenaje artificial.

Determinación de la textura del suelo

Para determinar de forma precisa la textura de un suelo necesitaremos recurrir a un laboratorio especializado. Sin embargo, podemos conocerla de forma aproximada mediante un sencillo experimento, para el que sólo necesitaremos un palín o una azadilla y un poco de agua (con 0,5 l será suficiente). Consiste en remover con ayuda del palín los primeros 20 cm del suelo que queremos analizar y coger un puñado como muestra. A esta muestra le vamos añadiendo agua, paulatinamente, hasta formar una pasta moldeable. A continuación, se intenta hacer un pequeño «churro» de 3 mm de espesor y de 10 cm de largo.

- Si se rompe antes de conseguirlo, la textura es *arenosa*.
- Si se puede modelar este «churro», el suelo tiene textura *franca*.
- Si, además de hacerlo, podemos juntar sus extremos formando un aro, la textura es *arcillosa*.

Estructura y porosidad del suelo

La **estructura** es la forma en que se unen las partículas dando origen a otras unidades de mayor entidad llamadas *agregados*. Esta unión se debe al complejo arcillohúmico, es decir, a la combinación del *humus* procedente de la materia orgánica, la *arcilla* del suelo, y moléculas de *calcio* (Ca).

Lo más importante de los agregados es que entre ellos se mantienen espacios, los poros, que facilitan la penetración de las raíces y la circulación del aire y del agua. La estructura más favorable es la que presentan los agregados de forma granular, ya que los poros que se forman son de mayor tamaño. Para conservar esta estructura hemos de mantener suficiente contenido de materia orgánica y Ca (se requiere en muy pequeñas cantidades), evitar trabajar el suelo en demasía, la compactación por el pisoteo frecuente y el paso de maquinaria pesada, todo ello especialmente cuando el suelo esté muy seco o con mucha humedad.

En los casos en que la circulación del agua no sea lo suficientemente rápida por presentar una textura muy arcillosa, y tengamos zonas con tendencia al encharcamiento, o el nivel freático cercano a la superficie, en la zona de acción de las raíces de la vegetación a implantar, será necesario facilitar la evacuación del exceso de agua mediante la instalación de una *red de drenaje*.

Esta red puede estar formada por *drenes* (zanjas en las que se coloca en el fondo grava para crear una zona de grandes poros y una tubería para evacuar el agua) o más cómodamente por tuberías específicas de drenaje. Estas tuberías las encontramos con variedad de diámetros, de diseño de los poros de entrada del agua y de material de recubrimiento para evitar obstrucciones. En ambos casos es necesario dar al fondo de la zanja una pequeña pendiente (1-2%) para evitar que el agua quede estancada en el interior.

pH del suelo

El pH es la reacción química del suelo, de forma que podemos tener cinco tipos de suelo distintos en función de su valor (tabla 2.2).

Tabla 2.2. Tipos de suelo según el valor del pH

Suelo ácido	Suelo ligeramente ácido	Suelo neutro	Suelo básico	Suelo alcalino
pH < 6,0	6,1 < pH < 6,5	6,6 < pH < 7,3	7,4 < pH < 8,5	pH > 8,5

La reacción del suelo afecta directamente a la disponibilidad para la planta de los nutrientes presentes en él. El pH demasiado ácido (≤ 5) impide la correcta absorción de los nutrientes, en general, y en especial de N (nitrógeno), P (fósforo) y K (potasio). El pH demasiado básico ($\geq 8,5$) impide la absorción de Fe (hierro). Las plantas necesitan que el valor del pH del suelo sea 7 o próximo a 7 desde la acidez. Pero encontramos un grupo de plantas llamadas *acidófilas* o *calcífugas* que requieren valores de pH inferiores, en torno al 6. Entre estas plantas están algunas de uso frecuente como la hortensia, el brezo, la camelia y el rododendro. Para ellas se dispone de un sustrato específico, llamado *tierra de brezo*, que, disponiéndolo alrededor de su cepellón, nos permite cultivarlas cerca de otras plantas no acidófilas.

Determinación del pH del suelo

Para determinar el pH de nuestro suelo tendremos que enviar una muestra a un laboratorio especializado, igual que vimos para la textura. Pero podemos conocerlo de forma aproximada realizando un sencillo análisis. Sólo se necesita: papel tornasol, una probeta u otro recipiente similar con tapón, una cucharilla y agua destilada. De una muestra de suelo recogida como en la determinación de la textura se introducen en la probeta dos cucharillas rasas de suelo y se les añade 2,5 veces más (cinco cucharillas) de agua destilada. Se agita enérgicamente durante unos segundos y se deja sedimentar. Transcurridos 15 minutos, se introduce una tira de papel de pH (tornasol) hasta que entre en contacto con la parte líquida durante unos segundos, se extrae y se compara el color obtenido con la tabla de valores de pH que se suministra junto al papel.

Si el valor de pH está muy alejado de lo deseable, habrá que aplicar la enmienda correspondiente para corregirlo:

- Si el suelo es excesivamente ácido, hay que añadir cal (*encalado*) o abonos calizos como el carbonato cálcico.
- Si es demasiado básico, habrá que añadir yeso (*enyesado*) para contrarrestar el exceso de calcio o añadir abonos orgánicos, preferentemente de origen animal. Si el alto valor de pH se debe a elevadas cantidades de sodio (Na), por tratarse de un suelo salino, tendremos que realizar un riego intenso a modo de lavado, para eliminar este elemento que es altamente soluble.

Sustrato

Ante la posibilidad de que el suelo natural no sea el idóneo para el óptimo desarrollo de las plantas que queramos introducir, y dadas las molestias de la aplicación y el coste de las enmiendas, a menudo es preferible recurrir a incorporar un nuevo material de suelo: un *sustrato*. En definitiva, es lo que se realiza en la plantación en maceta para terraza o interior.

En los espacios grandes, podemos incorporarlo sólo alrededor de las plantas que introduzcamos o en toda la superficie del jardín. En el primer caso, simplemente se realizará un agujero de plantación mayor del necesario para la planta correspondiente, entre el 50 y el 100% superior (v. capítulo 4: «Adquisición de planta y plantación»). La tierra extraída se retira y se sustituye por el sustrato elegido. En el segundo caso, dependiendo del nivel de la superficie que se debe ajardinar con respecto a la circundante, se aplicará directamente sobre el suelo una capa continua de sustrato, o previamente se retirará la capa superior del suelo.

En el mercado disponemos de numerosos sustratos, elegiremos uno u otro en función de las exigencias al respecto de las plantas que vayamos a introducir y del volumen de sustrato que necesitemos. Los de más uso son la tierra vegetal o de jardín, turbas, compost, mantillo, perlita, arcilla expandida y, sobre todo, sus mezclas.

- La *tierra vegetal* es simplemente una mezcla mejorada con turba negra y mantillo o compost.
- La *turba* está compuesta por restos vegetales fosilizados; la usada como sustrato es la de esfango, y según su grado de descomposición, puede ser rubia o negra. La rubia está menos evolucionada y tiene pH ácido, mientras que la negra es de reacción neutra y es la empleada usualmente. Confiere gran aireación y mantiene la humedad, pero presenta el único inconveniente de que es muy difícil de rehidratar si se ha dejado secar totalmente.
- El *compost* y el *mantillo* son abonos orgánicos provenientes de la fermentación de restos orgánicos. En el caso del compost, el origen de los restos es exclusivamente vegetal, mientras que en el del mantillo, los restos fermentados son los excrementos de animales de granja mezclados con la paja de la cama. Como hemos dicho, son abonos, pero los podemos usar como sustratos cuando su fermentación esté completada, mezclándolos con el suelo.
- La *perlita* y la *vermiculita* no se utilizan como sustrato único en las plantas adultas, sino que se incorporan a otros sustratos en un porcentaje de entre el 30 y el 50%, para aumentar la aireación y la retención de agua, y consecuentemente, la humedad. Para las plantas son inertes, es decir, no aportan ningún nutriente ni interfieren en el pH, no desarrollan ninguna actividad química en el suelo ni biológica, pues han de estar desinfectadas.
- La *arcilla expandida* es un mineral de origen volcánico muy poroso, ligero y de forma esférica, de diámetro en torno al centímetro. Se utiliza, sobre todo, en hidroponía, ya que es completamente inerte. También se utiliza con frecuencia en jardinería de interior, en la base de los contenedores para favorecer el drenaje y como sustrato cobertor (por encima del sustrato en el que se desarrollan las raíces), pues disminuye las pérdidas de agua por evaporación al ambiente y resulta un acabado estéticamente

favorable. En jardinería de exteriores también se utiliza como *mulching*, es decir, cubriendo el suelo bajo las plantas para evitar el desarrollo de malas hierbas y para actuar como aislante térmico y barrera a la evaporación. Este uso resulta caro con este sustrato, ya que su precio es elevado, pero se puede considerar para la decoración de zonas de jardín de edificios de alta categoría.

• *Corteza de pino*, *fibra de coco*, *cáscara de piñón*. Estos productos, residuos de industrias, resultan muy interesantes para aumentar la permeabilidad y la aireación del suelo al mezclarlos con él. Al igual que la arcilla expandida, son inertes, y su precio, mucho menor, hace que estos elementos sí que se puedan utilizar como *mulching* de forma habitual. Para el primer uso especificado se han de triturar para dejar trozos pequeños que permitan un correcto contacto del sustrato con las raíces. Sin embargo para el uso como *mulching* se emplean tal como quedan tras el proceso industrial (figura 2.1).

Figura 2.1. Detalle de una capa de corteza de pino dispuesta a modo de *mulching*.

• *Mejorantes del suelo* y *acumuladores de agua*. Los primeros son una combinación de alginatos con arcillas y materia orgánica, que facilitan la formación del complejo arcillohúmico del suelo. Los segundos son polímeros sumamente absorbentes, que aumentan la capacidad del suelo de retener humedad y, al mismo tiempo, la mantienen fácilmente disponible para las plantas. La aplicación de estos sustratos está en la naturación de grandes zonas que tuvieron un uso degradante del suelo y que se quieren recuperar: cortes de carreteras, minas abandonadas, escombreras o suelos arenosos (dunas) y en la repoblación forestal.

Árboles

Los árboles constituyen el esqueleto de cualquier parque o jardín, pero tienen un elevado requerimiento de espacio, sobre todo cuando alcanzan su total desarrollo, años después de su plantación. Los árboles se clasifican en dos grandes grupos: *coníferas* y *árboles de sombra*. En este apartado incluimos también *frutales* y el palmito, que es una *palmera*. Los frutales tienen interés en el jardín particular, y las palmeras por su silueta y sus dimensiones, si bien, botánicamente, no son árboles, ya que no desarrollan ramas, sino que las hojas brotan directamente del tronco, llamado *estipe*.

Los árboles los podemos incorporar al jardín como ejemplares aislados, agrupados en bosquetes *monoespecíficos* (todos de una misma especie) o *poliespecíficos* (árboles de varias especies) y en *alineaciones*.

En cualquier caso, a la hora de elegir una especie deberemos tener muy en cuenta varios aspectos, unos relativos al propio árbol y otros relativos a otros tipos de plantas que vayan a instalarse en su base. Con respecto al árbol, además de considerar los requerimientos generales como adaptación al medio (condiciones climáticas y edáficas), disponibilidad, presupuesto, mantenimiento, idoneidad con el estilo y el uso del espacio, es importante comprobar que se dispone del espacio necesario para su completo desarrollo. Con respecto a las plantas aledañas, tendremos que considerar la sombra que les proyectan y la caída de la hoja sobre ellas. Los caducifolios pierden todas la hojas en unos pocos días del otoño, pero los perennifolios pierden sus hojas continuamente, aunque sea en escaso número, y deben recogerse del suelo, lo que resulta bastante laborioso si las hojas son pequeñas, como las de las coníferas (figura 2.2).

A continuación, incluimos una lista de los árboles de uso más frecuente y de mejor resultado por su adaptación a nuestras condiciones climáticas, por su estética, por su buena disponibilidad en el mercado y por su precio. Es evidente la falta de diversidad en cuanto a especies arbóreas en nuestros parques y calles, por lo que la lista adjunta es bastante extensa para el objeto de esta obra. Con ello queremos enfatizar la amplia

Figura 2.2. Composición
de coníferas con arbustos.

variedad que la naturaleza nos ofrece y potenciar la diversidad a la hora
de elegir especies. La falta de diversidad no sólo es perjudicial estéticamente y empobrece el patrimonio vegetal, sino que, además, es perjudicial sanitariamente: provoca que el efecto de una enfermedad sea un
problema serio al afectar a un elevado número de pies, potencia la proliferación de plagas y, con respecto a las personas, agrava las alergias.
Tras el nombre científico de cada especie especificamos la familia botánica a la que pertenece, para que sirva de orientación en cuanto a las
características que presenta.

Las indicaciones que se dan en la descripción de cada especie se refie-
ren a las siguientes características. Las condiciones del *suelo fresco* son
fertilidad (alto contenido en materia orgánica) y elevado aporte de agua. La
altura, así como la *edad*, son aproximadas, la media óptima de desarrollo.
Semirresistentes a heladas supone que soportan heladas medias (hasta
–5 °C); y *resistentes* a heladas, que soportan heladas acusadas (–10 °C),
como las coníferas.

El criterio que se sigue es el siguiente: primero el nombre común en negri-
ta; a continuación, el nombre científico en cursiva, y para finalizar, la familia:
Nombre común (*Nombre científico*) familia.

23

Acacia de flor blanca o de Constantinopla (*Robinia pseudoacacia*) leguminosas. Como todas las acacias es de hoja caduca y muy resistente a la sequía y a los suelos pobres y ligeros. No soporta los encharcamientos. Forma la copa a gran altura, permitiendo el paso por debajo de ella. Necesita exposiciones soleadas, produciendo así numerosas flores agrupadas en racimos. Su velocidad de crecimiento es media y alcanza fácilmente 25 m de altura y 200 años de edad.

Acebo (*Ilex aquifolium*) leguminosas. Árbol perennifolio de brillantes hojas, coriáceas y pinchosas, y de bayas rojas, naranjas o amarillas (según las variedades). Es de porte arbustivo cuando es joven y piramidal de adulto. Admite ser recortado. Necesita suelos frescos y exposición al sol o semisombra. Es resistente. Puede alcanzar los 12 m de altura y los 150 años de edad.

Algarrobo (*Ceratonia silicua*) leguminosas. Perennifolio de hojas compuestas paripinnadas de 3 a 5 pares de foliolos, de color verde claro. Sus semillas se utilizan como sucedáneo del chocolate y en alimentación animal principalmente. Es fundamental en el jardín mediterráneo. Es bastante longevo y su velocidad de crecimiento es lenta. Alcanza los 15 m de altura.

Almendro (*Prunus dulcis*) rosáceas. Frutal caducifolio de gran interés ornamental por su floración temprana, sobre las ramas todavía sin hojas, y abundante de coloración blanca o rosada. Resistente. Alcanza los 6 m de altura y los 60 años de edad. Lo tenemos disponible en contenedor, pero también lo podemos encontrar a raíz desnuda, como tradicionalmente se han servido los frutales.

Árbol del amor o de Judea (*Cercis silicuastrum*) leguminosas. Caducifolio, flores abundantes de color rosa fuerte o blancas en primavera, anteriores a la brotación de las hojas, de forma arriñonada. Copa redondeada. Semirresistente a heladas, suelo pobre y seco, exposición soleada. Puede llegar a alcanzar 10 m de altura a una velocidad media, y puede llegar a tener 100 años de edad.

Árbol del paraíso (*Eleagnus angustifolia*) eleagnáceas. Su follaje de color claro grisáceo aumenta la profundidad de visión al colocarlo en el plano más alejado, pues da sensación de alejamiento. Pequeñas flores amarillas muy aromáticas. Crece a velocidad media hasta alcanzar los 7 m de altura, y es poco longevo, pues no suele superar los 40 años de edad.

Arce blanco o falso plátano (*Acer pseudoplatanus*) aceráceas. Caducifolio de rápido crecimiento. Muy parecido al plátano, se distingue fácilmente por la semilla: doble y alada en este caso, y muy pequeñas, formando una bola, en el plátano. Sus grandes hojas adquieren bellas tonalidades amarillas en otoño. Dentro del mismo género encontramos numerosas especies con variaciones importantes en cuanto a forma, tamaño y color de las hojas, así como corteza y talla. Muy rústico, prefiere suelos calcáreos. Alcanza los 30 m de altura y los 200 años de edad.

Arizónica (*Cupressus arizonica*) cupresáceas. Conífera muy utilizada para setos recortados, pues admite muy bien la poda y es de rápido crecimiento. También resulta de interés como árbol de porte columnar. Alcanza los 12 m de altura.

Catalpa (*Catalpa bignonioides*) bignoniáceas. Caducifolia de grandes hojas delgadas, de color verde claro y forma acorazonada, con grandes flores blancas reunidas en inflorescencias durante el verano. De velocidad de crecimiento media, no suele superar los 10 m de altura.

Carpe (*Carpinus betulus*) betuláceas. Caducifolio de denso ramaje desde la base, por lo que también se utiliza para setos. Su hoja es muy similar a la del haya, adquiriendo también una bella tonalidad amarilla en otoño. Supera los 15 m de altura pero a un ritmo de crecimiento lento. Puede llegar a los 130 años de edad.

Castaño de Indias (*Aesculus hippocastanum*) hipocastanáceas. Caducifolio de amplia copa, grandes hojas palmadolobuladas y grandes y brillantes semillas no comestibles. En primavera produce numerosas flores en grandes racimos erectos de flores blancas o rosas (según la variedad). Alcanza los 25 m de altura, a un ritmo de crecimiento lento, y puede llegar a vivir 200 años.

Cedro del Himalaya (*Cedrus deodara*) pináceas. Conífera de gran porte piramidal, de ramas algo péndulas, ideal como ejemplar aislado. Porte piramidal ramificado desde la base. Requiere bastante espacio y supera los

los 20 m de altura. Poco exigente en suelo, encontramos variedades con distintas tonalidades de verde. Es una especie longeva.

Ciprés (*Cupressus sempervirens*) cupresáceas. Conífera de hoja escuamiforme. Su esbelta silueta es imprescindible en el jardín mediterráneo. Su estrecho porte columnar no exige mucho espacio. Resistente, admite cualquier tipo de suelo siempre que esté bien drenado. Debe permanecer al sol o en semisombra. Alcanza los 20 m de altura a un ritmo de crecimiento medio y llega a vivir 300 años.

Ciprés de Lawson (*Chamaecyparis lawsoniana*) cupresáceas. Conífera con gran número de variedades, con porte de columnar a piramidal, altura de 5 a 20 m y color del amarillo al azul, pasando por varias tonalidades verdes.

Chopo o álamo blanco (*Populus alba*) salicáceas. De rápido crecimiento, su madera es blanda y sensible a pudriciones en los cortes de poda, especialmente si son de gran superficie. Se utiliza mucho como seto alto para ocultar vistas, pero hemos de ser cautelosos con su uso por sus múltiples inconvenientes. Sus hojas son de las primeras en brotar en primavera, pero caen de forma muy escalonada en otoño, dificultando la operación de limpieza. Semilla algodonosa abundante, que también puede causar molestias de limpieza. Es *dioico*, es decir, hay ejemplares con sólo flores femeninas (figura 2.3) y ejemplares con sólo flores masculinas. Su corteza y el envés de las hojas de color blanco contribuyen, al igual que el árbol del paraíso, a crear sensación de profundidad. Puede alcanzar los 30 m de altura y es posible que llegue a los 200 años de edad, si las condiciones son óptimas.

Coníferas enanas. Se dispone de numerosas especies de coníferas o variedades que no superan el metro o metro y medio de altura y algunas, además, son de crecimiento horizontal, con porte rastrero (*Cryptomeria japonica, Juniperus squamata, Juniperus communis* «Repanda», *Picea glauca* «Alberta Globe», etc.). Estas plantas son de gran utilidad en rocallas, taludes, jardines de pequeñas dimensiones y como cubresuelos de bajo mantenimiento.

Granado (*Punica granatum*) punicáceas. Caducifolio de tronco y ramas retorcidas. Flores rojas en verano. Frutos comestibles, grandes bayas rojas, al final del otoño. Semirresistente a las heladas, suelo fértil, exposición soleada. Alcanza los 5 m de altura.

Figura 2.3. Ejemplares hembra de chopo en plena dispersión de las semillas.

Higuera (*Ficus carica*) moráceas. Frutal caducifolio, de grandes hojas trilobuladas y corteza blanca. Semirresistente. Frutos comestibles en doble cosecha, al inicio del verano y del otoño. Puede superar los 8 m de altura, a un ritmo de crecimiento lento, y puede llegar a los 200 años de edad.

Laurel (*Laurus nobilis*) lauráceas. Perenne de hojas aromáticas, ovaladas, de color verde oscuro, muy conocidas por su utilización culinaria. Se emplea a menudo en el jardín clásico, incluso recortado, pues admite podas intensas. Debe permanecer a pleno sol o en semisombra, y puede crecer en cualquier suelo con un buen drenaje. Alcanza los 10 m de altura y los 150 años de edad.

Liquidámbar (*Liquidambar styraciflua*) hamamelidáceas. Caducifolio muy llamativo por su follaje y su corteza. Sus hojas son palmadolobuladas puntiagudas y adquieren colores intensos amarillos rojos y granates en otoño.

A pleno sol y sobre suelos profundos, frescos y ácidos. Puede superar los 15 m de altura y llegar a vivir 80 años.

Madroño (*Arbutus unedo*) ericáceas. Perennifolio de hojas con borde dentado, semirresistente, al sol o semisombra. Decorativos racimos de flores blancas con la corola acampanada por la fusión de sus pétalos. Frutos comestibles en otoño, con un llamativo color rojizo en la madurez. Alcanza los 12 m de altura y los 150 años de edad.

Magnolio (*Magnolia grandiflora*) magnoliáceas. Perenne, follaje muy decorativo de grandes y brillantes hojas de consistencia coriácea, grandes flores fragantes de color crema en verano. De crecimiento lento y porte piramidal, con ramas desde la base. También hay especies caducifolias, de floración primaveral. Todo tipo de suelo, al sol. Su velocidad de crecimiento es lenta, puede alcanzar 15 m de altura, y es longevo, ya que supera los 200 años de edad.

Manzano (*Malus domestica*) rosáceas. Frutal de hoja caduca. Necesita suelo fresco y exposición soleada para una correcta fructificación. Encontramos distintas variedades que elegiremos en función del tipo de manzana que más nos guste. Alcanza los 10 m de altura y puede superar fácilmente los 100 años de edad.

Mimosa (*Acacia dealbata*), leguminosas. Perenne, de gran interés por sus flores plumosas y perfumadas, de color amarillo fuerte, que aparecen al final del invierno. Suelos pobres y ligeros. Necesita estar al sol. De escasa altura, no supera los 10 m, a una velocidad de crecimiento media. Poca longevidad.

Olivo (*Olea europaea*) oleáceas. Perenne, hojas de envés plateado y tronco nudoso y retorcido, frutos comestibles en invierno. Resistente a heladas, suelo pobre e incluso pedregoso, al sol. Alcanza los 15 m de altura y es uno de los árboles más longevos, llegándose a considerar casi inmortal.

Palmito (*Chamaerops humilis*) palmáceas. Palmera de hojas con forma palmeada y largo pecíolo. Tiende a ramificarse en la base, formando agrupaciones de grandes dimensiones. Al sol o en semisombra; es poco exigente en cuanto al suelo.

Pino piñonero (*Pinus pinea*) pináceas. Forma una copa muy característica en forma de parasol, dejando la mayor parte del tronco sin ramificación. A pleno sol y en suelo ligeramente ácido y bien drenado. Alcanza los 20 m de altura.

Pinsapo (*Abies pinsapo*) pináceas. También llamado «abeto español», es una especie de gran valor como elemento aislado. Copa piramidal desde la base. Hojas dispuestas en toda la circunferencia del brote y rígidas, resultando algo pinchosas. Poco exigente en cuanto al suelo. Alcanza los 20 m a un ritmo de crecimiento lento, si bien es muy longevo.

Plátano (*Platanus orientalis*) platanáceas. Caducifolio ampliamente utilizado por su rapidez de crecimiento y la globosa copa que desarrolla, proyectando una amplia sombra. Su madera es muy sensible a las pudriciones y oquedades, por lo que es necesario tener cuidado con las podas, y que éstas no produzcan grandes superficies de herida. Alcanza los 35 m de altura a una alta velocidad, y es muy longevo, llegando a los 400 años de edad.

Roble (*Quercus robur*) fagáceas. Hojas marcescentes: se vuelven marrones, pero algunas no caen del árbol en otoño y reverdecen en primavera. Hojas lobuladas. Al sol o semisombra. Prefiere suelos frescos. Alcanza lentamente 30 m de altura y se conocen ejemplares que han superado con mucho los 300 años.

Sauce llorón (*Salix babylonica*) salicáceas. Caducifolio de estrechas hojas lanceoladas. Necesita suelos frescos y debe situarse en semisombra. Es semirresistente. Alcanza los 20 m de altura a una alta velocidad. Es poco longevo, difícilmente llega a los 100 años de edad.

Tejo (*Taxus baccata*) taxáceas. Conífera de porte columnar y follaje compacto. Todo es tóxico salvo la envoltura roja de la semilla. Especie dioica. Es muy rústico y se utiliza con profusión en los jardines clásicos, aislado o en setos, pues admite muy bien el ser recortado. Alcanza 4 m de altura máxima a una velocidad muy lenta, pero es muy longevo.

Tilo (*Tilia platyphyllos*) tiliáceas. Caducifolio de finas hojas redondeadas. Forma una copa globosa alta, por lo que se utiliza mucho en alineaciones en calles y paseos de jardín. Necesita suelos frescos. Puede alcanzar 25 m de altura a un ritmo de crecimiento lento, y llegar a vivir durante varios siglos.

Mantenimiento

La operación básica de mantenimiento es el *riego*, que depende principalmente de la especie (v. capítulo 6) aunque si damos algún riego de apoyo en época de sequía a especies que no precisen riego obtendremos mejores resultados. Si el tipo de cobertura en el suelo circundante lo permite, deben realizarse alcorques al pie de cada árbol para favorecer la acumulación del agua de lluvia y de riego si se hace con manguera. Requieren abonado anual y tratamientos fitosanitarios (preventivos o curativos, según el criterio adoptado). Finalmente, se deben controlar los *desarrollos indeseados* (en absoluto hay que condicionar el crecimiento natural del árbol; estas podas son altamente contraproducentes para el árbol y acortan su vida), con podas de mantenimiento para eliminar crecimientos inadecuados y podas de saneamiento para eliminar alguna rama deteriorada por accidente o enfermedad. Los cortes tienen que ser tempranos para evitar tener que eliminar ramas gruesas, por el perjuicio que supone para el árbol (gran zona a cicatrizar y puerta de entrada de patógenos) y porque la operación se dificulta enormemente.

Arbustos

Su uso es muy socorrido en cualquier parque o jardín, ya que encontramos una enorme variedad en cuanto a tamaños, formas, colores, texturas, flores, frutos, etc., que se adaptan a cualquier espacio, aportando el toque decorativo deseado. Se ubican en parterres formando macizos (generalmente poliespecíficos), como setos o borduras, aislados los de especies de suficiente tamaño y como cubresuelos en taludes. Cuando hay escasez de espacio, son el sustitutivo perfecto del árbol.

A continuación, incluimos una relación de los arbustos de uso más frecuente y de mejor resultado, siguiendo el mismo criterio de presentación que hemos adoptado en los árboles.

Adelfa (*Nerium oleander*). De gran desarrollo y muy rústica. Largas hojas lanceoladas de color verde oscuro, flores llamativas de color blanco al rojo, pasando por rosa y salmón o naranja y amarillo. Sus tallos son muy flexibles y resisten pequeños golpes, por lo que es adecuada en zonas o praderas de uso intenso y de juego. Látex irritante y tóxica por ingestión, pero no es fácil que cause daños importantes. Debe estar situada a pleno sol y necesita enraizar en un suelo profundo.

Agracejo (*Berberis thunbergii*). Hojas de un intenso color rojizo (variedad *atropurpurea*) si está en un lugar soleado, lo que lo hace muy decorativo. Se utiliza principalmente como arbusto aislado y como seto, incluso recortado, ya que soporta muy bien la poda.

Brezo (*Erica carnea*). Pequeño arbusto muy resistente y de intensa floración, generalmente de color fucsia. Se emplea en taludes, borduras y como manchas de color. Como su ubicación debe ser en semisombra, es ideal para decorar la base de coníferas.

Cineraria (*Senecio bicolor*). Planta de reducido desarrollo, su altura media es de 0,5 m. Presenta un llamativo follaje al tener las hojas, largas y muy lobuladas, cubiertas por abundante vellosidad, que le confiere un color blanquecino muy interesante durante todo el año. Muy empleada en taludes, borduras y rocallas dado el bajo mantenimiento que necesita.

Cortadería o hierba de la Pampa (*Cortaderia selloana*). Es una gramínea rústica y de gran belleza por lo espectacular de sus «plumeros» o grandes inflorescencias en espiga, que sobresalen de las largas hojas que conforman la mata, sobrepasando los 2,5 m de altura (figura 2.4). No desarrolla tallo. Combi-

Figura 2.4. Cortadería con los plumeros completamente desarrollados a finales de verano.

na perfectamente tanto con una amplia pradera para animarla, como con un reducido espacio de un jardín mediterráneo con *mulching* de grava, teniendo en cuenta que necesita un espacio de 1,5 m de diámetro para su correcto desarrollo. Las hojas son perennes y de borde cortante. Es necesario cortarla anualmente, en invierno, a unos 30-40 cm del suelo.

Durillo (*Viburnum tinus*). De hoja perenne, es muy resistente y soporta muy bien la poda por lo que es muy empleado como seto. Emite pequeñas flores blancas, agrupadas durante el invierno. Prefiere exposiciones en semisombra que a pleno sol. Puede alcanzar los 3 m de altura.

Frambueso (*Rubus idaeus*). Constituye un buen ejemplo de planta con doble función: ornamental y culinaria por aprovechamiento de sus pequeños frutos. Hojas compuestas de 3 o 5 folíolos. Adornado primero por las pequeñas flores blancas y después por los frutitos rojos.

Mahonia (*Mahonia aquifolium*). Hojas brillantes, opuestas y puntiagudas; son perennes, pero en invierno adquieren tonalidades rojizas; pequeñas flores amarillas y bayas negro-azuladas. Poco exigente en cuanto al suelo, prefiere exposiciones en semisombra, aunque soporta las soleadas. Llega a alcanzar los 2 m de altura.

Mirto (*Myrtus communis*). Llamativa corteza rojiza y escamosa. Hojas perennes, sentadas y de forma lanceolada. Admite poda de recorte para darle forma. Debe colocarse a pleno sol y es poco exigente en cuanto al suelo.

Retama (*Retama sphaerocarpa, Spartium junceum, Cytisus sp.*) (genista florida). Plantas de clima mediterráneo, muy rústicas, agrupadas bajo un mismo nombre común pero de distintas especies botánicas. Sus tallos son largos y finos y sus hojas muy reducidas. Produce gran cantidad de flores amarillas, ligeramente perfumadas, en la segunda mitad de la primavera. De crecimiento rápido, necesita exposiciones soleadas.

Rododendro (*Rhododendron híbrido*). De hoja perenne, alcanza fácilmente los 2 m de altura. Florece abundantemente a inicios de la primavera con flores terminales agrupadas. Los colores son variados, aunque predominan los rojos y rosas intensos. Necesita suelo fértil, riego frecuente (sobre todo en la floración) y ubicación en semisombra.

Rosal (*Rosa spp.*). Es difícil entender un jardín sin una preciosa rosaleda (figura 2.5), principalmente por su gran capacidad ornamental y por la popularidad de que goza en nuestra cultura desde los tiempos de los romanos. Encontramos una variedad ingente que afecta no sólo a las flores (color, número, tamaño, número de pétalos...), sino también a las hojas y al tamaño y forma de desarrollo del arbusto. Así tenemos:

- Trepadores.
- Llorones.
- Miniatura, que se pueden cultivar en maceta y en interior.
- Antiguos, muchos de los cuales conservan la característica de tener sólo cinco pétalos; los hay de varias formas de desarrollo, aunque predominan los bajos y los arbustivos de tallos sarmentosos, sin llegar a ser trepadores propiamente dichos.
- Cubresuelos.
- Arbustivos (de grandes dimensiones).
- Bajos arbustivos de dos clases: *floribunda* (de numerosas flores reunidas en ramilletes terminales muy reflorecientes, como su nombre indica) e *híbridos de té* (de grandes flores terminales solitarias).

Figura 2.5. Rosal en floración.

Necesitan exposición soleada para que la floración sea intensa y por su gran sensibilidad a la enfermedad fúngica del oidio. También se ven afectados por otras enfermedades y plagas, por lo que su tratamiento fitosanitario es muy aconsejable para obtener su mayor esplendor y longevidad. Por los mismos motivos resulta muy conveniente aplicarles un abonado orgánico todos los años.

Tanto los floribunda como los híbridos de té requieren *podas anuales* cortas (a 3 *varas* [tallos] con 2-3 yemas cada una) o largas (4-6 varas con 5 o 6 yemas cada una). Se tendrá en cuenta que la poda corta sirve para rejuvenecer y eliminar madera vieja y la larga es la más conveniente en rosales o tallos muy vigorosos.

Mantenimiento

Además de riego copioso durante toda la floración, otra operación de mantenimiento básico para los arbustos es la rotura de la costra superficial del terreno, con cava poco profunda. Es necesario eliminar las malas hierbas, que, además de competir con ellos por los nutrientes, perjudican la estética. Requieren abonado anual y posible complementación con fertilizantes. Los tratamientos fitosanitarios son fundamentales en la mayoría de las especies. Se recomienda que sean preferiblemente preventivos, ya que son sensibles a plagas y enfermedades; por ejemplo: la adelfa es sensible al pulgón, y el rosal en exposición de semisombra, al oidio. Finalmente, conviene realizar el pinzado de los extremos en los ejemplares adultos, para mantener su forma y controlar desarrollos indeseados, complementariamente a podas de saneamiento para eliminar alguna hoja o tallo deteriorados.

Setos y borduras

Los setos son formaciones integradas por un conjunto de plantas colocadas contiguamente y tratadas como una sola. Se utilizan casi arquitectónicamente como vallas o paredes vivas. Tiene múltiples funciones, como delimitar un terreno, separar ambientes, ocultar vistas, aportar un color o textura interesantes, proteger espacios o elementos contra el viento o la insolación. Podemos utilizar numerosas especies de arbustos y también de árboles, aromáticas e incluso plantas de temporada para las borduras (figura 2.6).

La misma **función** de un seto la puede realizar un muro o una valla de material inerte (ladrillo, malla metálica, tablas de madera) cubierto por una trepadora. Estructuralmente, estaríamos hablando de dos elementos distintos. Los setos se clasifican en función de dos características:

Clasificación por la altura

• *Seto alto*. De más de 2 m de altura. Integrado por árboles: tejo, arizónica, chopo, lilo, etcétera.

Figura 2.6. Seto recortado bordeando un camino.

- *Seto medio*. De entre 1 y 2 m de altura. Integrado por arbustos (v. aparta-do anterior y el de aromáticas).
- *Seto bajo o bordura*. De menos de 1 m de altura. Integrado por arbustos de poco desarrollo (matas) o que admiten intensa poda como el boj, o por plantas herbáceas, incluso de temporada.

Clasificación por la poda

- *Recortado*. Le imprimimos la forma a voluntad y le determinamos su altu-ra con la tijera cortasetos o la máquina recortasetos. Da origen al arte *topiario*. Requiere un mínimo de dos recortes al año, pero las especies de rápido crecimiento pueden llegar a necesitar seis para mantener una esté-tica cuidada, por lo que sus exigencias en mano de obra son elevadas.
- *Libre*. Se deja crecer según su desarrollo natural, practicando sólo podas de saneamiento y de mantenimiento. Requiere muchas menos horas de trabajo.

A continuación, pasamos a especificar los dos arbustos de más uso en los setos, y que admiten intensos recortes (aligustre y boj) y otros dos de uso más actual: la olivilla, que se puede modelar, y la verónica, que ofrece una llamativa floración en espigas en su crecimiento libre.

Aligustre (*Ligustrum japonicum*). Alcanza los 2 m de altura con un ritmo de crecimiento rápido. Sus hojas son de forma ovalada, de color verde oscuro y perennes, aunque hay especies que las pierden en los inviernos muy fríos. Es tóxico en su totalidad. Es bastante rústico y se adapta tanto a exposiciones soleadas como a la sombra.

Boj (*Buxus sempervirens*). De porte compacto, encontramos algunas diferencias en cuanto a la forma, el tamaño y el tono verdoso de las hojas según la variedad. Se adapta muy bien a distintos ambientes, de húmedo a seco y de semisombra a pleno sol, y a los distintos tipos de suelo. Es imprescindible en un jardín de estilo clásico o mediterráneo. Constituye la especie por excelencia para modelar y obtener formas y figuras muy marcadas. Su lento crecimiento contribuye a su mantenimiento.

Olivilla (*Teucrium fruticans*). Tallos de sección cuadrangular y hojas pubescentes en el envés, con una coloración general grisácea, lo que lo hace muy conveniente en los setos en espacios reducidos. Pequeñas florecillas apicales azuladas o rosáceas según la variedad. Encontramos varias especies del mismo género. Admiten ser modelados. Exposición soleada y suelo ligero.

Verónica (*Hebe spp.*). Arbusto de hojas brillantes y perennes, necesita exposición soleada y su talla media es de 1 m. Florece en el mes de mayo produciendo unas flores muy pequeñas de color violáceo, que se presentan agrupadas en largas espigas que sobresalen del follaje.

En el caso de setos para **cerramientos**, como el perímetro de una parcela, está justificado, por contribuir a dar un aspecto más acorde a su función, emplear plantas espinosas, que se suelen evitar en el resto del jardín. Estas plantas pueden tener espinas en los tallos como el majuelo o espino albar (*Crataegus monogyna*), o en las hojas, como el acebo (*Ilex aquifolium*).

Mantenimiento

Además de las operaciones básicas de mantenimiento (riego y eliminación de malas hierbas), los setos requieren rotura de la costra superficial del terreno, abonado anual y posible complementación con fertilizantes y trata-mientos fitosanitarios (preventivos o curativos, según el criterio adoptado). En los setos libres, cuando ya son adultos, conviene realizar el pinzado de los extremos para mantener su forma y controlar desarrollos indeseados, com-plementariamente a podas de saneamiento para eliminar algún tallo deterio-rado. Un aspecto fundamental del mantenimiento de un seto recortado es la poda de mantenimiento. Los perennes se podan a finales de primavera, los floridos cuando su floración comienza a marchitarse (si los frutos no son ornamentales), y los caducos, en verano, con la frecuencia requerida por su vigor. Además, deben eliminarse las ramas secas desde su base.

Trepadoras

Permiten incorporar al jardín elementos estructurales, cubriéndolos total-mente en el caso de elementos antiestéticos o sólo parcialmente, contri-buyendo a su decoración en el caso de elementos con valor estético. Por ejemplo, son el complemento perfecto para una pérgola. También se pueden utilizar a modo de seto cubriendo una estructura artificial de made-ra, alambre o ladrillo. Dado el escaso volumen que necesitan, son ideales para jardines, patios u otras zonas con poco espacio (figura 2.7).

Figura 2.7. Ejemplar de bignonia en soporte mixto de ladrillo y metálico.

En general, requieren exposición soleada, manteniendo la base en semi-sombra y en suelo fresco y rico. Para su instalación tendremos que tener en cuenta la conveniencia de ayudarla inicialmente con una malla o similar que actúe de soporte, si se trata de cubrir una pared, así como ofrecerle guías para dirigirla según nuestra voluntad.

Las trepadoras más empleadas en los jardines se relacionan a continuación:

Jazmín de invierno (*Jasminum nudiflorum*). Perenne, de intensa floración amarilla desde mediados de enero. De rápido crecimiento, requiere podas intensas, principalmente para controlar su expansión excesiva, pues puede superar los 7 m de altura.

Glicina (*Wisteria sinensis*). De hojas compuestas caducas y grandes racimos de flores primaverales de color blanco, rosa o azul. Requiere podas anuales tras el invierno para conseguir floraciones intensas.

Hiedra (*Hedera helix*). Es la trepadora por excelencia. Perenne y muy rústica. Brillantes hojas palmalobuladas. Cubre rápida y fácilmente cualquier superficie gracias a sus pequeñas raíces adventicias que emite en los tallos. Sus frutos son pequeñas bayas negras tóxicas, pero poco llamativas al igual que sus inflorescencias. Prefiere situaciones de semisombra para evitar quemaduras foliares, pero hay variedades de hoja variegada verde-amarillo o verde-crema que admiten exposiciones soleadas sin ningún problema. Sirve también para cubrir suelos como planta *tapizante* (figura 2.8).

Figura 2.8. Detalle de la cobertura que produce la hiedra: ofrece una ocultación total como seto o una cobertura total del suelo como tapizante.

Madreselva (*Lonicera japonica*). Perennifolia. De crecimiento rápido, requiere podas intensas todos los años, incluso en primavera y en otoño. Se caracteriza por sus flores estivales papilionáceas, aromáticas y de color blanco, crema o rosa. Es muy utilizada por acompañar al follaje permanente de una floración fragante y ser rústica y de fácil adaptación. Tanto sus hojas como sus frutos son tóxicos. Encontramos especies caducifolias.

Pasionaria (*Passiflora caerulea*). Destaca por sus originales flores de gran tamaño que le dan nombre, si bien requiere riego abundante en verano durante la floración. Sus hojas caducas son grandes, de un verde oscuro, y emite zarcillos para ayudarse en la sujeción.

Parra virgen (*Parthenocisus quinquefolia*). Caducifolia. Finas hojas compuestas en forma palmeada que en otoño adquieren intensas coloraciones rojizas, aportando una importante nota de color. Trepa fácilmente gracias a sus zarcillos, alcanzando los 15 m de altura. Es muy rústica, aunque prefiere suelos que no sean ácidos.

Mantenimiento

Las trepadoras requieren las operaciones básicas de mantenimiento ya vistas en los apartados anteriores: riego, eliminación de malas hierbas, rotura de la costra superficial del terreno, abonado anual y posible complementación con fertilizantes y tratamientos fitosanitarios (preventivos o curativos, según el criterio adoptado). En cuanto a la poda, requieren podas anuales intensas para mantener su forma, cuando ya han alcanzado las dimensiones deseadas; el pinzado de los extremos y las podas de saneamiento quedan como operaciones subsidiarias.

Vivaces

Son plantas de pequeño tamaño (no superan el metro de altura) y, por lo general, herbáceas, que viven varios años (más de un ciclo completo de desarrollo).

Se suelen emplear en parterres, en combinaciones de numerosas especies distintas. Si queremos crear un efecto clásico o formal y de uniformidad, elegiremos especies de similares características: tamaño, textura y color del follaje y la floración. Si lo que deseamos es dar un aspecto de naturalidad al jardín, combinaremos especies muy distintas entre sí, teniendo en cuenta, al igual que en la formación de rocallas, que las reducidas dimensiones de estas especies desaconsejan introducir ejemplares únicos por crear sensación de desorden; por ello, se recomienda introducirlas por grupos. Para que el parterre mantenga unas dimensiones proporcionadas, se aconseja considerar como norma general la de que la altura máxima no sea mayor que la mitad de la anchura del parterre. Además, se evitará que las más altas oculten a las restantes colocándolas en el centro si el parterre se observa desde todos los ángulos, o en el fondo si se coloca junto a una pared o similar y no será visible la vista posterior.

Las especies de uso más común en los jardines son las siguientes:

Acanto (*Acanthus mollis*). De interés por su follaje, desarrolla grandes hojas lobuladas de un verde intenso y brillante. Resistente a las heladas, necesita un suelo fértil y bien drenado. Además de a pleno sol, admite situación de semisombra, pero en estas condiciones es muy sensible al oidio. Su altura máxima está en torno a 70-100 cm (figura 2.9).

Figura 2.9. Ejemplar de acanto recién implantado, con *mulching* de corteza de pino y riego por goteo.

Arabis (*Arabis caucasica*), **aubrieta** (*Aubrieta deltoides*), **canastillo de oro** (*Alyssum saxatile*). Rústicas de características muy parecidas.

Las tres forman matas compactas y extensas, redondeadas, que cubren el suelo con una altura de 15 o 20 cm. Necesitan exposición soleada. Su floración es intensa y comienza simultáneamente en las tres en abril. Los colores principales son blanco, morado y amarillo, respectivamente, pero dada su brevedad de período decorativo, en ocasiones se tratan como si fuesen plantas anuales.

Felicia (*Felicia amelloides*). Puede vivir en cualquier tipo de suelo, al sol. Semirresistente. Forma pequeñas matas tapizantes, con flores en capítulo de pétalos azules. Alcanza una altura de 40 cm. De la mata sobresalen las flores por sus largos tallos.

Geranio (*Pelargonium sp.*). Es la planta típica de maceta en el sur peninsular, aunque se desarrolla perfectamente en toda la península si se protege del frío invernal. Existen cerca de 300 especies del género *Pelargonium*, pero podemos agrupar los habitualmente disponibles en viveros en los siguientes tres grupos:

- **Geranio común**. Es el cultivado desde más antiguo y posee las características típicas. Es el *P. zonale* (con una marcada línea circular verde oscuro en el centro de la hoja) y sus híbridos son *P. inquinans*, normalmente llamados *P. x hortorum*.
- **Gitanilla o geranio de hojas de hiedra**. Híbridos de *P. peltatum*.
- **Geranios de olor**. Son especies que tienen las hojas aromáticas: *P. capitatum, P. crispum, P. graveolens*, etcétera.

Las diferencias entre especies pueden ser considerables, aparte del color de sus inflorescencias: desde la gitanilla colgante, de gruesas y lisas hojas lobuladas, hasta grandes matas de 70 cm de altura con hojas redondas y vellosas. Necesita exposición soleada, aunque en zonas muy calurosas preferirá la protección de la luz solar al mediodía. Resulta conveniente eliminar las inflorescencias marchitas para mejorar la apariencia de la planta y estimular su refloración, así como despuntar los tallos demasiado largos para que ramifique y emita más flores, ya que éstas surgen de los extremos de los tallos. Sus necesidades hídricas son reducidas: con dos riegos semanales en pleno verano será suficiente.

Es imprescindible tratar contra la plaga importada de la mariposa del geranio (v. capítulo 7, apartado «Plagas»).

Hosta (*Hosta sp.*). Frondosa herbácea de grandes hojas ovalolanceoladas, con largo pecíolo que surge de la base. Necesita suelos frescos y fértiles, y bien drenados. Pueden vivir al sol o en semisombra.

Prímula (*Primula juliae*). Rústica en cuanto a clima, pero necesita suelos fértiles y frescos. Se trata de una pequeña planta (15 cm de altura) con grandes hojas sentadas, agrupadas en roseta a ras de suelo, que producen gran número de flores de intensos colores (blanco, amarillo, rosa, rojo, fucsia, morado) en un grupo compacto. Es muy apropiada para terrazas, borduras, para animar la base de arbustos o en una pradera. Prefiere ubicación en semisombra. Se utiliza también como anual.

Mantenimiento

Las operaciones que requieren las vivaces son las básicas de mantenimiento ya vistas: riego, eliminación de malas hierbas, rotura de la costra superficial del terreno, abonado anual a complementar con fertilizantes para favorecer la floración intensa, tratamientos fitosanitarios (preventivos o curativos, según el criterio adoptado), pinzado de los extremos para mantener compacta la planta y evitar alargamientos poco estéticos, conjuntamente con podas de saneamiento para eliminar las flores marchitas y alguna hoja o tallo deteriorados.

Plantas de temporada

Son plantas **herbáceas** anuales (completan su ciclo vital en un año), bianuales o incluso vivaces, pero que sólo aprovechamos durante su fase de mayor esplendor, generalmente la floración. Constituyen un elemento fundamental para dar color al jardín o a la terraza, y variarlo en cada estación, pues encontramos especies de primavera, verano, otoño e incluso de invierno. Se pueden cultivar en el suelo, en parterres o en maceta. Su bajo coste hace viable que se retiren del jardín cuando se pasa su floración. Las más utilizadas son las siguientes:

Col de invierno (*Brassica oleracea*). Del mismo género que las coles comestibles, es muy parecida a ellas, pero con intensas coloraciones en gris plata o rojizas y los bordes de las hojas muy rizados. El interés ornamental es sólo en la fase inicial de roseta, antes de que emita el largo tallo floral. Ofrece una decoración muy llamativa, generalmente de parterres, que armoniza con todos los estilos, incluso con el clásico. Exposición de semisombra o sol.

Guisante de olor (*Lathyrus odoratus*). Trepadora de rápido crecimiento, muy adecuada para terrazas y balcones con buena insolación. Flores numerosas y llamativas de agradable olor.

Pensamiento (*Viola x witrockiana*). Junto con la **petunia** y el **tagete**, constituyen lo que ha sido hasta hace bien poco tiempo la base de la decoración anual, especialmente de los jardines públicos, por su vistosidad unida a su facilidad de cultivo y rusticidad. La gama de colores es muy amplia, además de contar con variedades de flores bicolores (figura 2.10), y la disponibilidad es durante todo el año, salvo en verano. Necesita exposición soleada o en semisombra.

Figura 2.10. Pensamientos bicolores.

Petunia (*Petunia hybrida*). Sus grandes flores acampanadas presentan una amplia gama de colores: blanco, amarillo, rosa, rojo, morado y bicolor. Encontramos desde formas colgantes (v. figura 2.9) hasta formas erectas de más de 30 cm de altura, según las variedades. Necesita exposición a pleno sol. Su disponibilidad en el mercado es igual a la del pensamiento.

Salvia roja o banderilla (*Salvia splendens*). Florece en verano, con inflorescencias de 30 cm de altura, las más frecuentes son de color rojo, aunque también las hay blancas y malvas. Admite exposición al sol o semisombra.

Tagete (*Tagetes erecta, T. patula*). Extrañamente, solamente se encuentran en dos colores, amarillo fuerte o naranja. Las distintas especies se distinguen por su tamaño y duración. Son muy rústicas y su disponibilidad en vivero es muy alta.

Mantenimiento

Dada la limitación de su presencia en el jardín, su mantenimiento se suele reducir a las operaciones básicas de riego y eliminación de malas hierbas. Son sensibles a plagas y enfermedades; por lo tanto, deberemos estar pendientes de su incidencia para actuar rápidamente, ya que sus efectos pueden ser ruinosos para un elemento tan delicado como éste. Además, nos aseguraremos de que adquirimos material sano y de que están en condiciones de cultivo adecuadas para evitar enfermedades.

Bulbosas

Este término como tipo de plantas incluye también a las que botánicamente no forman bulbos, pero sí otras estructuras similares, como rizomas o tubérculos. Las bulbosas son plantas vivaces, dado que se pueden regenerar año tras año de su bulbo, además de producir nuevos bulbos.

Los *bulbos de otoño* (tabla 2.3) reciben este nombre porque se plantan durante el otoño y su floración es primaveral, los *bulbos de primavera* (tabla 2.4) se plantan en esa estación y florecen en verano. La profundidad de plantación y la separación entre ellos es específica de cada especie, y se indica en la lista que se presenta a continuación, pero como norma general la profundidad de plantación debe ser equivalente al doble de la altura del bulbo. Es recomendable colocarlos en grupo, tanto de especie como de color, para conseguir manchas uniformes dadas sus reducidas dimensiones. Precisamente por su tamaño, también pueden plantarse en macetas o jardineras, dando así esplendor a la terraza o el balcón, o tenerlos dentro de casa en maceta o en jarrones especiales transparentes (figura 2.11) para que se desarrollen sólo en agua.

El empleo de los *cestos de plantación* (cestas de rejilla de plástico) es muy adecuado si deseamos conservar los bulbos fuera del suelo tras su floración, o si en el lugar utilizado por ellos deseamos introducir otra clase de planta, una vez pasada su temporada. La forma de hacerlo y sus ventajas se explican en el apartado final de mantenimiento.

Tabla 2.3. Características y necesidades de los bulbos de otoño

Bulbos de otoño	Profundidad/ separación de plantación (cm)	Altura (cm)	Colores de las flores	Necesidades	Observaciones
Anémona (*Anemone sp.*)	5/12	30	Blanco, rosa, rojo, azul (morado)	Alta humedad, semisombra	Delicada, más adecuada para terraza Muy utilizadas las variedades «de Caen»
Ajo floreciente (*Allium giganteum*)	10/15	40	Morado	A pleno sol	*Allium moly* (flores estrelladas amarillas)
Jacinto (*Hyacinthus orientalis*)	10/20	25	Blanco, amarillo, rosa, azul	A pleno sol	Es el de floración más larga (1 mes frente a 15 días del resto)
Narciso (*Narcissus sp.*)	10/10	40	Blanco, amarillo, naranja y combinados	Al sol o semisombra	El tallo puede no soportar el peso y requerir tutor. Hay especies de flor doble e incluso triple
Lirio (*Iris sp.*)	12/15	50	Blanco, amarillo (no en rizoma) y azul	Al sol	El de rizoma es de mayor tamaño, más rústico y mantiene la hoja todo el año
Ranúnculos o francesillas (*Ranunculus sp.*)	5/10	40	Blanco, amarillo, rosa y rojo	Admiten semisombra	Encontramos especies acuáticas
Tulipanes (*Tulipa sp.*)	10/10	35	Blanco, amarillo, rosa, rojo, bicolor	A pleno sol, humedad elevada	Pétalos de formas variadas (tulipanes, papagayo, flor de lis). Especies tempranas

Necesitan suelo esponjoso, ligero y suelto, con alto contenido en materia orgánica, fértil, que mantenga la humedad, pero con un buen drenaje para evitar pudriciones.

Tabla 2.4. Características y necesidades de los bulbos de primavera

Bulbos de primavera	Profundidad/ separación de plantación (cm)	Altura (cm)	Colores de las flores	Necesidades	Observaciones
Begonia (*Begonia sp.*)	3/20	De 20 a 30	Blanco, naranja, cobrizo, rosa, rojo	Semisombra	Grandes y abundantes flores. Hay diferencias importantes entre especies, p. ej.: *Begonia pendula*
Dalia (*Dahlia sp.*)	8-10/30-60 (según la especie)	De 25 a 100	Blanco, amarillo, naranja, rojo	A pleno sol. Muy rústica	Hay gran número de variedades muy diferentes entre sí
Azucena (*Lilium sp.*)	8/15	75	Blanco, amarillo, salmón	A pleno sol. Abundante materia orgánica	Grandes flores en largas varas usadas como flor cortada. La forma de la corola de la flor varía según las especies
Crocos (*Crocus sp.*)	3/7	15	Blanco, amarillo, morado	Mejor semisombra	Ideal para intercalar en pradera
Gladiolos (*Gladiolus sp.*)	10/12	De 60 a 90	Blanco, amarillo, salmón, rosa, rojo, morado, bicolor	Al sol o semisombra	Puede necesitar tutor. Muy empleada como flor cortada

Figura 2.11. Jacinto florecido en jacintero decorativo para interior, no en suelo.

Mantenimiento

Es conveniente conservarlos fuera del suelo, en medio seco y oscuro, hasta la siguiente época de plantación (otoño o primavera). En primer lugar, cortaremos lo más abajo posible el tallo floral, una vez perdido el esplendor de su floración. Con ello obtendremos dos beneficios:

- Evitaremos el deslucido efecto de las flores marchitas.
- Impediremos que la planta gaste energías para formar los frutos y semillas, pudiéndola dirigir toda a la formación de nuevos bulbos y a la acumulación de sustancias de reserva para una óptima floración en la siguiente temporada.

Posteriormente, cuando el resto de la parte aérea comience a marchitarse (síntoma de que ha cesado su actividad y ya no produce sustancias de reserva), procederemos a extraerlos del suelo, retirarles la tierra adherida y almacenarlos, convenientemente identificados, en medio seco, temperatura fresca y sin luz, hasta la siguiente temporada (otoño o primavera, según la especie).

Las otras labores de mantenimiento son: riego, eliminación de malas hierbas y fertilizar dos meses antes de la floración y de nuevo cuando ésta haya pasado, para favorecer la formación de los bulbos.

47

Acuáticas

Son plantas que se desarrollan en el agua, pero aquí incluimos también algunas de las llamadas *plantas de pantano* y *plantas anfibias*, que se pueden desarrollar indistintamente en agua o en tierra, y nos van a servir para disimular y decorar los bordes del estanque. Todas son de consistencia herbácea y vivaces.

Cálamo (*Acorus calamus*). Hojas largas y finas, paralelinervias, que surgen de la base y alcanzan 90 cm de longitud. Florece en verano y es sensible a las heladas. Dentro del estanque, otras especies de este género son de colocación indiferente, dentro o en el borde (zona pantanosa).

Cala (*Calla palustris*) (figura 2.12). Grandes hojas sagitadas y pequeñas flores amarillas en espádice (espiga) rodeadas de una gran bráctea blanca que se confunde con un pétalo. Alcanza unos 20 cm de altura y soporta heladas suaves. Debe ir colocada dentro del estanque, en una zona de agua poco profunda (10-20 cm).

Figura 2.12. Cala en flor.

Lirio (*Iris sibirica*). Hojas similares a las del cálamo pero más anchas. Alcanza 50 cm de altura. Sus flores son blancas o bien moradas. Soporta las heladas. Colocación en zona de agua poco profunda (20-30 cm).

Menta acuática (*Mentha aquatica*). Hojas ovaladas con tonos rojizos sobre verde claro. Floración estival poco llamativa. Las heladas intensas pueden deteriorar la parte aérea, pero rebrota con facilidad cuando está colocada en la tierra. Alcanza los 20 cm de altura. Puede situarse en el borde (zona pantanosa) o en agua poco profunda.

Nenúfar (*Nymphaea tuberosa*). Conocida y llamativa planta, tanto por sus grandes flores de colores brillantes, como por sus redondas hojas flotantes. Encontramos varias especies. La floración tiene lugar en verano y prefiere exposiciones soleadas, además de ser sensible a las heladas. Debe colocarse en zona de agua profunda (más de 80 cm).

Papiro (*Cyperus papyrus*). Largas hojas paralelinervias, estrechas y delgadas, que se arquean por su peso en los extremos. Desarrolla un follaje muy tupido y puede llegar a alcanzar 1 m de altura. Flores poco llamativas en espiga. Habita en zonas de profundidad media.

Ranúnculo (*Ranunculus aquatilis*). Planta que se desarrolla sumergida por completo, sobresaliendo sólo sus blancas flores unos centímetros del nivel del agua en verano. Soporta las heladas. Encontramos varias especies acuáticas de ranúnculos con diferencias considerables.

Consejo de plantación

Conviene plantar las plantas acuáticas que vayamos a introducir en el estanque en contenedores específicos para ellas. Se trata de contenedores de plástico, con las paredes de rejilla para facilitar el desarrollo radicular, y una amplia base para evitar vuelcos. Si, además, disponen de asa, facilitan enormemente los trabajos de mantenimiento, sobre todo limpieza y reposición, ya que se pueden extraer con un gancho sin vaciar el estanque ni mojarse por tenerse que introducir en él. El sustrato se debe cubrir con una capa de grava para evitar enturbiamientos, especialmente si el estanque va a tener peces.

Mantenimiento del estanque

Aunque a priori pueda parecer lo contrario, comparado con otros elementos del jardín, este mantenimiento es bastante sencillo y reducido. Se limita a eliminar las hojas secas, especialmente en otoño si tenemos cerca árboles caducifolios, y mantener el agua limpia y oxigenada, para lo que es recomendable un sistema de bombeo con filtro que limpie el agua al tiempo que la hace recircular (figura 2.13).

Figura 2.13. Instalación de un sistema de bombeo complementado con filtro externo (Oase).

En caso de inviernos con heladas es recomendable dejar flotando un trozo de tronco de color oscuro. Específicamente para la vegetación, el mantenimiento consistirá en eliminar las partes marchitas y, sobre todo, controlar el crecimiento para evitar desequilibrios entre especies o invasiones.

Aromáticas

Las aromáticas reciben su nombre porque acumulan aceites esenciales en los tejidos, principalmente en las hojas. Son plantas de origen mediterráneo, por lo que su cultivo es sencillo y muchas las podemos encontrar en el campo. Se utilizan frecuentemente para setos bajos o borduras.

La mayoría son matas (arbustos de muy pequeño tamaño), aunque también encontramos algunos arbustos como el romero que puede alcanzar hasta 2 m de altura. Su exposición ha de ser soleada, y el suelo, rico, suelto y seco, aunque se desarrollan correctamente en suelo pobre. Algunas requieren semisombra y suelos frescos, aunque de las indicadas a continuación sólo la salvia tiene estas necesidades.

Requieren **recortes** anuales, inicialmente sólo para retirar los restos de la floración anterior y, cuando son adultas, más intensamente para estimular la brotación en la base, ya que tienden a desplazar el follaje a los extremos de los tallos.

Las aromáticas que podemos encontrar en un jardín más habitualmente son las siguientes:

Lavanda (*Lavandula stoechas*). Hay varias especies muy similares, así como distintas variedades dentro de cada una de ellas. Sus hojas son estrechas y alargadas, de color gris verdoso. Se caracteriza por sus flores estivales, de color púrpura, azul o blanco, reunidas en espigas con un largo tallo que las hace sobresalir considerablemente del follaje (v. figura 2.25).

Orégano (*Origanum vulgare*). Pequeña mata de brillantes hojas ovaladas y de marcada nerviación. Numerosas flores rosas agrupadas en inflorescencias que sobresalen del follaje.

Romero (*Rosmarinus officinalis*). Hojas estrechas y brillantes, y pequeñas flores azules que aparecen a lo largo de los brotes desde febrero hasta el otoño. No soporta encharcamientos.

Salvia (*Salvia officinalis*). Es una de las aromáticas con hojas de mayor tamaño, lanceoladas, de verde pardo.

Santolina (*Santolina chamaecyparysus*). Aromática que se sale de lo corriente por la familia a la que pertenece, por su follaje y sus inflorescencias. Sus hojas son pequeñas e imbricadas, de brillante color plateado. Las flores son compuestas, estivales y de intenso color amarillo.

Tomillo (*Thymus vulgaris*). Pequeña mata que no supera los 30 cm de altura, pero que se extiende ampliamente de forma natural.

Mantenimiento

Requieren abonado anual. También un recorte (tras la floración, ya que en todas las especies es terminal) cuando son adultas para mantener la forma, controlar el crecimiento y evitar que desplacen la foliación al extremo de los tallos, acumulando gran cantidad de madera vieja descubierta en la base. Sus necesidades hídricas son bajas, por lo que incluso se puede prescindir del riego (salvo el orégano y la salvia, de las enumeradas), aunque se desarrollan mucho mejor con algunos riegos de apoyo. Son poco susceptibles a las plagas y a padecer enfermedades, por lo que no es necesario tratarlas preventivamente.

Praderas

Tanto en el diseño de la pradera (figura 2.14) como en su mantenimiento hemos de tener en cuenta la base de la arboleda, ya que son los árboles los que condicionan la radiación solar que llega al suelo y, por lo tanto, el desarrollo de las herbáceas que integran la pradera. En el caso de las coníferas, además, deberemos tener en cuenta la barrera física que supone la caída de las hojas, que por sus pequeñas dimensiones y su caída constante son difíciles de retirar.

Figura 2.14. Paisaje de pradera con setos recortados (Bellota).

Para el establecimiento de praderas se utilizan plantas herbáceas de pequeño desarrollo, mayoritariamente de especies *monocotiledóneas* (hojas estrechas y alargadas de nerviación paralela), aunque también encontramos especies *dicotiledóneas* como los tréboles *(Lolium sp.)*; sin embargo, éstas son menos frecuentes ya que, generalmente, tienen mayores necesidades hídricas. Las especies que se utilizan como césped son muy numerosas y se emplean combinadas en mezclas específicas según el clima de la zona y el uso al que se destinará la pradera. Las especies más frecuentes son poas, festucas, bermuda, agrostis y ray-grass. Al emplear mezclas de varias especies conseguimos que los inconvenientes de una sean suplidos por las ventajas de otra y así, en cadena, hasta conseguir que el conjunto presente las características deseadas. Estas mezclas las encontramos ya realizadas por las casas comerciales, de manera que a la hora de adquirir nuestro césped no elegiremos especies como en el resto de las plantas, sino usos y condiciones. Por ejemplo:

- Mezcla para zonas costeras (soportará la brisa salina).
- Mezcla para uso intenso (deportivo, soportará el pisoteo con alta capacidad de regeneración).
- Mezcla para zonas de sombra (crecerá tupido con poca iluminación).

Mención aparte merecen la **bermuda híbrida** (variedades de *Cynodon dactylon* específicamente obtenidas para céspedes) y el **gramón** o **hierba de San Agustín** (*Stenotaphrum secundatum*). Se utilizan como especies únicas formando praderas monoespecíficas. Su uso está limitado a zonas sin heladas o de heladas suaves porque con el frío intenso se ponen de color marrón. Si estamos dispuestos a sacrificar algo de estética por sus otras ventajas que detallamos a continuación, en otoño podemos hacer un resemillado con *ray-grass* por encima para disimular el amarronamiento. Se implantan por tepes (cortando dados de 3-4 cm con un cuchillo y colocándolos separados 20 cm) o por esquejes. Sus ventajas sobre las otras especies son las siguientes:

- Sus necesidades hídricas son hasta un 40% menores, comparándolas con la media de los principales tipos de pradera.
- En invierno no necesitan ninguna operación de mantenimiento, pues paraliza su metabolismo.
- Toleran el riego con aguas de mala calidad. Toleran la salinidad tanto en agua como en suelo. Esta ventaja, unida a la indicada en primer lugar, hace que sean una opción importante en zonas áridas donde es muy difícil plantar otro tipo de pradera.

- Son agresivas: no permiten la contaminación de malas hierbas, y son resistentes a las enfermedades habituales en céspedes.
- Sus necesidades de fertilizante son mínimas.
- Se pueden implantar en cualquier tipo de pradera, teniendo en cuenta que el gramón resulta áspero para la piel, por lo que no resulta muy agradable en una piscina, por ejemplo.

Dadas las características de la implantación, el tiempo de ocupación de la superficie es de unos 3 meses en período vegetativo. Los pasos para la implantación de estas cespitosas son los mismos que para una pradera normal teniendo en cuenta que no se hace con semillas, sino con material desarrollado (v. capítulo 4).

Mantenimiento

El mantenimiento del césped es mucho más complejo que el de cualquier otro elemento del jardín. A continuación, pasamos a detallar todas las operaciones que se han de realizar de forma sistemática.

- **Aireado y escarificado**. El *aireado* consiste en pinchar la tierra hasta unos 10-20 cm por toda la superficie de la pradera, y el *escarificado*, en arañar superficialmente (3-4 cm de profundidad) el terreno para romper y eliminar el fieltro. El aireado tiene por objeto oxigenar el suelo en profundidad, reduciendo la compactación, pero al mismo tiempo se consigue romper algo de fieltro. Una pasada es suficiente. En jardinería se llama *fieltro* a la capa que se forma en la base de las plantas cespitosas por acumulación de hojas muertas, musgo, tierra y restos de raíces. Esta capa es bastante impermeable e impide la aireación del suelo, la incorporación de abonos al suelo, la circulación del agua y la expansión de las plantas, además de favorecer la aparición de enfermedades criptogámicas.

  El aireado no es una labor de mantenimiento fundamental en un césped que se pisa poco o está en suelo arenoso, por lo que podemos realizarla sólo cada dos o tres primaveras. En otras condiciones más propensas a la compactación debe realizarse todas las primaveras o en otoño.

  El escarificado sí que es una labor imprescindible que se debe realizar todos los años en primavera, y en condiciones de pisoteo intenso sobre suelo arcilloso, que favorece la formación de fieltro, se debería repetir la operación en otoño.

Las herramientas que debemos usar para realizar el aireado pueden ser:

– Suelas de clavos para atar al calzado.
– Una simple horca manual.
– Una horca con dientes huecos «sacabocados».
– Un rulo de púas (similar al de asentamiento de las semillas).
– Una máquina aireadora o sacabocados.

Las tres primeras se limitan a superficies reducidas de césped por la lentitud y laboriosidad del proceso. Para realizar el escarificado disponemos de:

– Un rastrillo, si nuestra pradera es de superficie muy reducida.
– Una escarificadora, máquina con un rodillo con cuchillas, que en algunos modelos va incorporado al cortacésped.

• **Recebo y resemillado**. Tras el aireado o el escarificado resulta conveniente realizar un recebo, que consiste en extender por la superficie una capa de arena, de turba, de mantillo o mezcla de arena y turba o arena y mantillo.

En el caso de praderas, o zonas de pradera muy deterioradas (calvas), haremos un resemillado para ayudar a la recuperación del césped después del escarificado.

• **«Mantillado» y fertilización**. El aporte de nutrientes es imprescindible realizarlo todos los años para compensar las pérdidas producidas mayoritariamente por las siegas. A finales de otoño es aconsejable mantillar, extendiendo una capa de unos 2 cm de espesor. Así conseguiremos protegerlo de la escarcha. De paso, aportamos materia orgánica para enriquecer el suelo y mejorar el enraizamiento del césped. En el caso de aplicar estiércol, éste debe estar bien descompuesto para evitar quemaduras.

Además del aporte de materia orgánica, es necesario aplicar fertilizantes. Para determinar la dosis necesaria de fertilizante hemos de tener en cuenta dos conceptos: la *textura del suelo* (ya que a más arenosos mayores serán las pérdidas por lavado), y el *clima* y *tipo de césped* en función de su uso (a mayor velocidad de crecimiento y mayor frecuencia de siega, mayores serán las necesidades nutricionales). A título orientativo, un césped de crecimiento medio requiere unos 13 kg de N al año, a aplicar en tres aportes (cuatro en suelo muy arenoso): mediados de primavera, verano y principios de otoño. Actualmente se dispone en el mercado de fórmulas específicas para césped. Los fertilizantes más adecuados son los de liberación lenta con micronutrientes, aunque los genéricos como el triple 15 (15% de N, 15% de P y 15% de K) son más económicos. El potasio aumenta la resistencia de la planta a enfermedades, temperaturas extremas y sequía (v. capítulo 5).

Las aplicaciones deben hacerse tras una siega, repartiendo el producto uniformemente y hay que regar copiosamente después para evitar quemaduras en las hojas del césped.

- **Riego**. Se intensifica a medida que el ritmo de crecimiento de la vegetación también lo hace gracias a las favorables condiciones ambientales. Por ello, en invierno sólo regaremos una vez al mes si el césped muestra necesidad por ser la nieve o la lluvia insuficientes. Cuando en primavera comiencen las altas temperaturas y la alta insolación, comenzaremos los riegos paulatinamente hasta regar día sí, día no. En verano regaremos diariamente y en otoño dos veces por semana, eliminando riegos si llueve. Viendo estas frecuencias, se aprecia la enorme cantidad de agua que se gasta en el riego de una pradera. El uso racional del agua es una obligación ética para un jardinero, actualmente, porque en un futuro cercano será una obligación legal. Ayudándonos de sensores de humedad en el suelo, o de la simple observación atenta, podemos reducir estas frecuencias considerablemente, especialmente si seguimos los consejos dados para la siega y elegimos especies de bajas necesidades hídricas. Podemos llegar a regar sólo en días alternos en verano, cada 5 días en otoño y cada 4 en primavera. Esta reducción de riegos la hemos de aplicar paulatinamente para permitir al césped formar un sistema radicular más profundo. Tampoco debemos olvidar que un exceso de humedad favorece la aparición de hongos.

No se regará en las horas centrales del día, pues en ellas la evaporación es muy alta y se favorece el desarrollo de enfermedades criptogámicas.

- **Siega**. Con respecto al corte del césped tenemos que definir dos aspectos: la *frecuencia* y la *altura*. La frecuencia de siega se determinará en función del ritmo de crecimiento del césped (según especies, riego y abonado) y según la estética que deseemos para nuestra pradera, ya que cuanto más largo lo dejemos, su aspecto será más rústico (las praderas muy ornamentales se siegan hasta cada 3 días en verano para mantenerlas muy cortas). Lo normal es segar:

– 1 vez por semana en verano.
– 1 vez al mes en invierno.
– 2 o 3 veces al mes en los meses de primavera y otoño.

La altura de corte es de 4-5 cm en el césped medio, de 1-2 cm en el muy ornamental (si el cortacésped lo permite) y de 6-7 cm en el rústico. Cuanto más alto lo dejemos (sin permitir nunca la floración del césped ni de las malas hierbas), el sistema radicular será más profundo y potente y el césped resistirá mejor las difíciles estaciones de verano y de invierno. Al cortar muy bajo, eliminamos reservas, dejándolo más débil frente a enfermedades o deficiencias de cultivo. Además, si lo dejamos largo podemos espaciar más las siegas. *Consejos de siega*:

– No se debe segar cuando el césped está mojado.
– No se debe segar con las cuchillas sin filo.
– Se debe dejar sin recoger lo cortado, ya que contribuye a la formación de fieltro (salvo si se utiliza una máquina *recicladora*, que lo pica muy fino).
– No se debe cortar nunca más de un tercio de la altura del césped para evitar dejar expuesta al sol la base blanca de los tallos; se quemarían.
– No es aconsejable segar muy corto y dejar muy largo para espaciar siegas, porque se favorece la proliferación de malas hierbas.

■ Elementos artificiales

Estos elementos no son imprescindibles, pero son complementos del parque o jardín que aumentan considerablemente sus posibilidades de hacer disfrutar al usuario. Por tanto, especialmente en el jardín público, no podemos dejar de incluirlos con diseños que se ajusten al del jardín para evitar desequilibrios estéticos.

En estos elementos resulta imprescindible un cuidadoso mantenimiento. Dependiendo de los materiales que los constituyan, y sobre todo de los acabados, requerirán una frecuencia determinada de mantenimiento, que se debe cumplir escrupulosamente. El mantenimiento tiene que atender las dos funciones del elemento: la ornamental y la utilitaria. Para determinar esta frecuencia se tendrán en cuenta las recomendaciones del fabricante, pero estará supeditada a los resultados de un *control visual periódico*. Este control visual lo puede realizar el propio personal de mantenimiento de los elementos vegetales del parque simultáneamente a sus tareas habituales, o más adecuadamente se debe crear una cuadrilla (según el número de elementos a mantener) específica para este control y la reparación o reposición de los elementos deteriorados. Como material de apoyo se puede consultar la UNE EN 1176-7 que, aunque se refiere a equipamientos de juego infantil, sus conceptos se pueden aplicar a los demás elementos.

Iluminación

La iluminación supone la instalación de una red de baja tensión con todos los elementos necesarios según la normativa específica y a realizar por un profesional. Aquí mencionamos los aspectos específicos para el tipo de espacio en el que se va a instalar.

Se ha de distinguir entre el gran espacio de uso público y el jardín o terraza particulares, en tanto que los objetivos a cumplir por la instalación pueden ser diferentes.

En el caso de una *instalación pública*, ésta tiene por objeto poder realizar operaciones de mantenimiento u otros trabajos en las tardes de invierno, vigilar el espacio, realzar su belleza general o de algunos elementos concretos de especial interés o permitir el uso del espacio durante la noche y evitar actos vandálicos (figura 2.15).

En *instalaciones particulares* se emplea fundamentalmente para realzar la belleza general del jardín o la terraza, o de un elemento concreto de espe-

Figura 2.15. Modelo rústico de punto de luz.

cial interés, y para permitir su uso durante la noche, especialmente en verano. En este caso puede ser interesante tener en cuenta estos tres consejos:

- Instalar los interruptores accesibles desde la zona de estar.
- Instalar tomas de corriente para herramienta eléctrica si se prevé su uso.
- La instalación puede hacerse a 12 V con la incorporación de un transformador. En este caso no es obligatorio enterrar los cables.

En ambos casos hay cinco consideraciones comunes:

- Siempre que sea viable, la iluminación se realizará con lámparas alimentadas por *energía solar*, no solamente por ser una energía limpia y renovable, sino también porque no requiere cableado, facilitándose así su instalación y reduciéndose su peligrosidad y mantenimiento.
- El diseño tenderá las conducciones lo más alejadas posible de la base de plantas de gran desarrollo (árboles y arbustos) para evitar desplazamientos y roturas por la presión que ejercen al desarrollarse.
- Para iluminar plantas directamente se utilizarán lámparas de luz fría.
- En cuanto a la potencia de las lámparas, se tendrá en cuenta que la vegetación refleja mucho menos la luz que los minerales (en torno a un tercio), y los árboles de hoja estrecha y color oscuro (coníferas) todavía la reflejan menos. Para los macizos lo más adecuado son focos de 60 W, si son de grandes dimensiones se pueden colocar varios iguales alrededor pero sin subir la potencia. Los grandes ejemplares necesitan 100-300 W.
- Se deben utilizar lámparas de bajo consumo.

Mantenimento

Lo principal será el cambio inmediato de la luminaria que se funda o rompa y el control periódico de la *integridad del aislamiento* del cableado y de las restantes partes plásticas de la instalación (enchufes, cajas, etc.) y sus sujeciones.

Caminos

Los caminos han de ser los menos posibles. Deben diseñarse, especialmente los impermeables, con pendiente lateral, de forma que evacuen el agua de lluvia hacia los laterales, para que sea aprovechable para la vegetación acumulándose en el subsuelo, al tiempo que se disminuye el volumen de agua a absorber por el alcantarillado (figura 2.16).

Figura 2.16. Camino de
adoquines rectangulares,
colocados con separación entre
ellos para permitir el desarrollo
de césped (Euroadoquín).

Se distinguirán dos tipos de caminos según su función: los de *servicio* o *acceso* y los de *paseo*.

Caminos de servicio y de acceso

Tendrán un diseño funcional que primará sobre el estético, si bien se tratará de adaptar en lo posible al estilo del jardín. Estarán pavimentados conforme a los vehículos que transiten por ellos: con arena, asfalto, adoquines o materiales cerámicos adecuados. Los de adoquines presentan importantes ventajas frente a los de tierra o los continuos:

- *Estética*: se integran perfectamente en el entorno, por lo que no provocan el gran impacto visual de los continuos.
- *Hídrica*: facilitan la rápida infiltración del agua evitando encharcamientos, escorrentía y erosión; permiten la evaporación desde el subsuelo que impiden los continuos.
- *Térmica*: emiten menor radiación de calor que los continuos, además del efecto de enfriamiento de la evaporación.
- *Mantenimiento*: su reparación no resulta costosa ni requiere maquinaria; proporcionan una superficie duradera bajo cualquier clima.

Su número y su longitud deben ser lo más reducidos posibles y se han de ocultar a la vista del visitante con setos y aprovechando desniveles del terreno. El hecho de ocultar el camino no es sólo por la vía en sí, ya que se puede haber diseñado perfectamente integrada en el resto del jardín, sino para mitigar el efecto molesto del tráfico.

Caminos de paseo

Como norma genérica se ha de huir de las líneas rectas, salvo si se desea un diseño de estilo clásico.

- El *material* (color, textura) y su colocación acompañan al estilo creado por la vegetación. Para elegir tenemos mayor variedad que en el caso de los caminos de acceso, ya que los de paseo no soportan cargas pesadas: madera, guijarros, ladrillos, baldosa cerámica, piedra natural (especialmente, pizarra), arena compactada, tierra batida y adoquines.
- La *disposición* también incide en el efecto; por ejemplo, el colocarlos de forma irregular, aporta un aspecto desenfadado y natural. Resulta muy interesante dejar una pequeña separación entre cada unidad, donde se permita crecer la hierba espontáneamente o sembrar alguna herbácea de mínimo desarrollo, como una cespitosa o similar. Para conseguir este efecto se dispone de elementos prefabricados cuya estructura deja orificios interiores para el desarrollo de la vegetación (figura 2.17). Este acabado

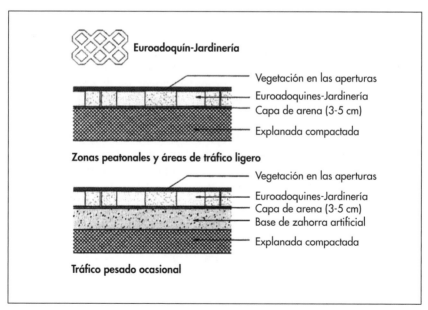

Figura 2.17. Esquema de capas constituyentes de un camino de paseo y otro de servicio con elementos prefabricados que permiten el crecimiento de la hierba entre sus huecos (Euroadoquín).

contribuye a integrar el camino en el jardín y le confiere un aspecto más natural. Una variante de esta colocación es el *paso japonés*, que consiste en colocar sólo una fila de losas de tamaño suficiente para albergar sobradamente la huella, separadas 65-70 cm (desde sus centros), medida de una zancada normal. Rodeando las losas se deja desarrollar la hierba de forma espontánea o se siembra césped. Es importante tener en cuenta, cuando exista vegetación dentro del camino, ya sea paso japonés o entre sus unidades, que ésta no soporta una elevada frecuencia de paso.

Las líneas rectas pueden resultar demasiado duras, por lo que puede ser interesante introducir pequeñas curvas o sinuosidades. Otra solución es suavizar la rigidez de las líneas rectas dejando que la vegetación invada someramente los bordes del camino en algunos puntos. Esta solución es delicada y ha de ir acompañada de un mantenimiento cuidadoso para que no adquiera apariencia de abandono. Sólo es apta en caminos poco transitados, para evitar el perjuicio a las plantas que suponen los golpes y los movimientos de roce de los transeúntes.

Bordes

Si el camino no está limitado por un bordillo o similar, o colocado en un plano superior al de la zona de jardín circundante, ésta terminará invadiéndolo. Si la zona de jardín que bordea el camino es de tierra, grava u otro material suelto a modo de *mulching*, éste material se deslizará por efecto de la pendiente y por la lluvia y ensuciará el camino, además de perderse material y tener que aportarlo de nuevo periódicamente. Si la zona junto al camino es de pradera, el proceso es el mismo, pero con expansión también de la vegetación. Para evitar estos inconvenientes, así como el pisoteo de los transeúntes, resulta conveniente instalar (especialmente en las esquinas) elementos que actúen como separación entre ambas superficies. Se encuentra una gran variedad en el mercado. Debe elegirse uno cuyo diseño sea compatible con el del jardín, cumpla correctamente su función y necesite el menor mantenimiento posible (figura 2.18).

Mantenimiento

Básicamente estará en función del elemento integrante y será el mismo que para ese mismo camino instalado fuera de un parque o jardín. Así, tendre-

Figura 2.18. Operación de redefinición de borde de pradera, al invadir el camino.

mos que eliminar la vegetación espontánea en los de arena, reponer el material perdido (por ejemplo, en los de grava), reponer un adoquín roto, parchear en los bituminosos, redefinir los bordes, etc. También requieren mantenimiento los elementos anexos: señales pintadas, caja de ladrillo, etc. Finalmente, el mantenimiento específico de un camino en un parque o jardín supone limpiarlo de las hojas caídas, de la invasión de la vegetación circundante y de tierra o similar.

Escaleras y muros

En el caso de que la parcela presente desniveles acusados (de más del 10%) no debemos definir rampas. Nos veremos obligados a introducir escaleras para los caminantes y taludes o muros de contención para la vegetación (figuras 2.19, 2.20 y 2.21).

Si la escalera es demasiado larga debe realizarse en tramos con mesetas intermedias, que se puedan aprovechar para introducir variaciones en la orientación. Si, además, es empinada, debe acompañarse al menos en un lateral de una barandilla. En cuanto a su anchura y materiales, debe adaptarse

Figura 2.19. Escaleras de estilo rústico.

Figura 2.20. Ajardinamiento de talud en vía pública.

Figura 2.21. Muro de elementos prefabricados para la incorporación de vegetación (*cotoneaster*) que lo cubra (Euroadoquín).

al diseño del jardín, teniendo en cuenta que un jardín clásico requiere una escalera ancha, ya que resulta más majestuosa. Los escalones deben ser todos de la misma altura para la seguridad del usuario. En el diseño del escalón se respeta la norma de que *el doble de la altura más su anchura ha de ser igual a la longitud media del paso: 64 cm*. Por ello, si hacemos muy altos los escalones quedarán muy estrechos. Los materiales más empleados son: la piedra natural, la baldosa de cemento, el ladrillo, la madera y el hormigón.

Para la vegetación tenemos dos soluciones que dependen, en último término, de la pendiente. Si ésta es poco acusada, podemos dejar el talud y fijarlo con plantas, pero si la pendiente es muy acusada y no disponemos de espacio suficiente tendremos que recurrir a un muro de contención.

Los muros que encontremos en el jardín serán de separación o de contención de tierras. En el primer caso serán de un material adecuado a la estética del jardín, o se disimularán cubriéndolos con una trepadora u ocultándolos tras un seto. En el caso de un muro de contención, podemos aprovechar la tierra que soportan para introducir plantas que integren el muro en el espacio ajardinado. Hay elementos prefabricados para constituir muros, especialmente diseñados para ello.

Mantenimiento

La escalera se debe limpiar periódicamente para evitar la acumulación de tierra que permita el crecimiento de malas hierbas y reduzca la superficie útil para el pie. Además, se reparará inmediatamente el escalón que pierda su estabilidad. Si dispone de barandilla, se debe limpiar y dar el tratamiento correspondiente de mantenimiento según el material que la forme, para garantizar su fijación y permitir que el usuario la pueda utilizar sin reparos por un mal aspecto.

Mobiliario

El mobiliario fundamental lo constituyen los bancos y las papeleras. Tendremos muy presente que el diseño de todos ellos estará en consonancia con el del parque o jardín, y relacionado con los demás elementos artificiales del jardín.

- **Bancos**. Su diseño debe ser ergonómico para que resulten cómodos y deben llevar un soporte de acero o granito fijado al suelo de forma eficaz. Los más usados son los que tienen respaldo y asiento de listones de madera tratada para soportar la intemperie. Han de colocarse en los lugares diseñados para el reposo, bajo vegetación de hoja caduca para que estén soleados en invierno y frescos en verano (figura 2.22).

Figura 2.22. Banco metálico de estilo clásico con acabado en pintura.

• **Papeleras.** Su número estará en función del número de usuarios previstos y su ubicación dependerá del destino de cada área. Se colocan principalmente en los accesos, en los caminos y en las zonas de reposo y de juego (figuras 2.23 y 2.24).

Figura 2.23. Papelera de estilo clásico de diseño análogo al del banco de la figura 2.22.

Figura 2.24. Papelera
en una zona de uso intenso
de un parque periurbano.

Mantenimiento

Es muy importante que todo el mobiliario se conserve en óptimas condiciones de uso. El mantenimiento será el adecuado al material que lo compone y se seguirán las recomendaciones del fabricante. El principal es la limpieza, no sólo del equipo en sí, sino también de la zona circundante, reponer lo antes posible las partes o equipos rotos o deteriorados y repintar, en función del material.

Pérgolas, arcos, cenadores y otras estructuras

Las pérgolas, los arcos y los cenadores son el soporte perfecto para las trepadoras, a la vez que conseguimos crear, de una forma completamente integrada en el parque o jardín, separaciones o espacios más recogidos, así como un aspecto mucho más natural de terrazas o patios.

Las *pérgolas* producen el efecto óptico de agrandar un pequeño rincón del jardín, siempre que mantenga unas proporciones adecuadas. La altura correcta oscila entre 2,1 y 2,5 m. Los materiales más empleados son la madera (que se integra perfectamente en el paisaje) y el metal (que ha de ser tratado para evitar la corrosión).

Los *arcos* están especialmente indicados para marcar una entrada o un paso. Al igual que las pérgolas, los encontramos de diversos materiales, aunque los predominantes son el metal y la madera. Su efecto decorativo se ve realzado cuando sirven de apoyo a alguna trepadora.

Los *cenadores* son estructuras abiertas que permiten disfrutar del jardín a resguardo del sol o de la lluvia (figura 2.25).

Figura 2.25. Cenador de madera y teja junto a zona pavimentada de adoquín (Euroadoquín).

En los espacios pavimentados es importante valorar las estructuras para realizar composiciones florales con efecto tridimensional, fundamentales en espacios urbanos. Pueden ser cónicas a modo de bandejas superpuestas, postes con cestas superiores a una altura de 2 o más metros, etcétera.

Mantenimiento

Depende del material: pintar o tratar y reponer los rotos. Se prestará especial importancia a los elementos antiguos, inspeccionando posibles señales de desgaste en cuanto al soporte del peso.

Macetas y jardineras decorativas

Las macetas y jardineras son elementos de gran importancia en la estética del jardín, terraza, patio o interior. Además, actualmente hay una gran variedad de estilos y formatos. Los materiales más frecuentes son terracota, metal (generalmente hierro o acero galvanizado) madera tratada, mimbre, plástico (más ligero y económico, con amplia gama de formas y colores), resina, fibra de vidrio, piedra (figura 2.26) y barro cocido. Los naturales son adecuados para espacios rústicos y estilos clásicos, aunque son de elevado peso, salvo la madera y el mimbre.

Figura 2.26. Jardinera de material pétreo, que decora una zona peatonal. Combina plantas de temporada (pensamientos) con aromáticas (lavanda).

El tamaño estará en función de la planta o grupo de plantas que vaya a albergar. No se elegirá demasiado grande con intención de postergar el trasplante, ya que el efecto es deslucido.

Mantenimiento

Reponer o arreglar las macetas o jardineras rotas, en función del material. Repintar con tratamiento para intemperie, especialmente las de madera o de hierro. Las macetas de barro cocido se pueden cascar por golpes de la maquinaria o herramientas; en tal caso deben reponerse. Se cambiarán por otras mayores, sea cual sea su material, cuando la planta haya crecido demasiado en proporción al tamaño de la maceta y se deba trasplantar.

Fuentes y estanques

El agua es un elemento de gran valor estético, que crea un ambiente relajante y fresco. Por ello, es un elemento muy apreciado en el jardín.

Los criterios de ubicación son diferentes según se trate de una fuente ornamental, de una fuente para beber o de un estanque.

• La *fuente ornamental* se ubicará según su estilo (en consonancia con el del jardín). Por ejemplo, una fuente de estilo clásico en un jardín formal se ubicará en un lugar amplio y despejado, como un cruce de caminos. Una fuente de estilo naturista estará rodeada de vegetación, etc. (figura 2.27).

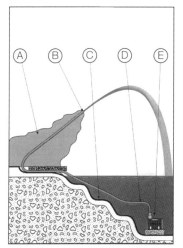 

Figura 2.27. Fuente-juego de agua con los siguientes componentes: A: escultura; B: boquilla del chorro; C: lona de PVC; D: tubería; E: bomba sumergida (Oase).

• La *fuente para beber* se ubicará en zonas clave de uso y de paso para una sencilla localización. Se colocará en las zonas de estancia, en las de juego, a la entrada y siempre junto al camino o cercana a él y totalmente visible desde el mismo.
• El *estanque* no se ha de ubicar a pleno sol, sino mejor en semisombra, para reducir la evaporación y el sobrecalentamiento del agua (perjudicial para las plantas), y para no estimular la proliferación de algas. Tampoco debe colocarse en sombra permanente y menos debajo de un árbol, ya que al efecto de la sombra se une el ensuciamiento por las hojas caídas.

Actualmente, en el jardín particular se pueden introducir estanques, fuentes ornamentales o juegos de agua de una forma muy sencilla gracias a los productos que ofrecen las casas comerciales del ramo, presentados al público en forma de «kits» de fácil montaje. Estos «kits» incluyen todos los elementos necesarios, desde la propia base del estanque y el surtidor, a la bomba adecuada a su capacidad, el sistema de filtrado para la depuración y el piecerío necesario. Como base podemos recurrir a estanques rígidos prefabricados, o a láminas de PVC o de caucho para adaptar a la forma deseada. En el caso de la lámina, se ha de determinar su grosor y su longitud. El grosor necesario se determina en función de la capacidad del estanque y de sus características: mayor grosor a mayor capacidad y en caso de tener peces, plantas de fuertes y grandes raíces o estar sometido a heladas. La lámina necesaria nos la determina las siguientes fórmulas:

Longitud necesaria (m^2) = L + 2P + 2 × 0,5 m (para borde o solape)
Ancho necesario (m^2) = a + 2P + 2 × 0,5 m (para borde o solape)

Donde L = longitud del estanque (en m); P = profundidad (en m); a = anchura del estanque (en m).

Mantenimiento

En los tres tipos de elementos la *limpieza* es fundamental, especialmente en las fuentes de beber, en las que la higiene debe ser extrema. Además, se realizará la rápida reparación de elementos rotos o deteriorados, o su reposición si no cupiese arreglo. Deberemos seguir las recomendaciones del fabricante al respecto, en función de los materiales empleados, su diseño y componentes. En el estanque y las fuentes con mecanismos tendremos que vigilar el correcto funcionamiento de todos los elementos integrantes, especialmente los filtros y las bombas.

Esculturas

Las esculturas son elementos puramente ornamentales. De uso muy adecuado son las estatuas en un jardín de estilo clásico, alegóricas de un personaje famoso o de una colectividad. Es muy interesante la incorporación de esculturas modernas en un jardín de estilo desenfadado o incluso naturalista, donde se puede conseguir un buen efecto haciendo que la vegetación cubra parcialmente la escultura, ya sea dejando que grandes plantas la invadan o convirtiéndola en soporte de una trepadora que debe recortarse para evitar su total invasión.

Mantenimiento

Limpieza y reparación de partes deterioradas.

Juegos infantiles

Las instalaciones y equipos recreativos infantiles están regulados en cuanto a seguridad por una serie de normas, como la UNE EN 1176 sobre «Equipamiento de las áreas de juego» y la UNE EN 1177 sobre «Revestimiento de las superficies de las áreas de juego absorbedoras de impacto. Requisitos de seguridad y métodos de ensayo». Su contemplación afecta a nuestro ámbito de trabajo de dos formas distintas, ya que unas las tendremos que conocer y aplicar íntegramente (UNE EN 1176-7 «Equipamiento de las áreas de juego. Parte 7: Guía para la instalación, inspección, mantenimiento y utilización»), mientras que otras afectan directamente a los fabricantes y tendremos que comprobar que el producto adquirido lleva la correspondiente certificación (UNE EN 1176-1 «Equipamiento de las áreas de juego. Parte 1: Requisitos generales de seguridad y métodos de ensayo»; UNE EN 1176-2 «Equipamiento de las áreas de juego. Parte 2: Requisitos de seguridad específicos adicionales y métodos de ensayo para columpios»; UNE EN 1173-3 [...] toboganes [...], etc.).

Actualmente este tipo de equipos se caracterizan por novedosos materiales y diseños innovadores de gran creatividad y colorido, que estimulan la imaginación de los niños y potencian su fuerza y flexibilidad.

La diversidad es enorme en materiales y en juegos: madera tratada para exterior, polietileno, aluminio, chapa-aluminio, dependiendo de los esfuerzos que vayan a soportar. Castillos, bañeras oscilantes, pasarelas, toboganes, columpios, cajones de arena, balancines, barras horizontales y un sinfín de componentes más (figura 2.28).

El piso debe drenar rápidamente y evitar los encharcamientos. El mejor material es el *caucho*, pues su capacidad para absorber impactos lo hace además muy seguro. Para su determinación debe tenerse en cuenta lo contemplado por la UNE EN 1177 ya citada.

Otro elemento complementario pero imprescindible de estas zonas es el cerramiento que define perfectamente el límite del espacio. Debe dificultar el acceso no deseado (como, por ejemplo, de perros) y contribuir a la seguridad de los niños al dificultar su salida al exterior o la pérdida de los juguetes que empleen.

Figura 2.28. Juegos infantiles.

Mantenimiento

Si en todos los elementos de un jardín el mantenimiento es importante, aquí resulta fundamental por los graves riesgos que supone. Como indica la norma UNE EN 1176-7, para un mantenimiento efectivo es fundamental la *inspección*. Es necesario realizar una inspección ocular diaria por el mismo personal de mantenimiento del espacio, se debe registrar cualquier alteración potencialmente peligrosa y editar un «parte correctivo» para iniciar el proceso de reparación o de sustitución de la pieza dañada o del equipo completo si no es susceptible ni de reparación ni de recambio. Si la deficiencia detectada es peligrosa en el mismo momento de la revisión, debe actuarse en el jardín de inmediato, cerrando el acceso, desmontando o reparando el daño si es posible. Siempre que haya una avería importante debe cerrarse el acceso al juego y señalizarse adecuadamente. Debe vigilarse diariamente que se mantenga el cerramiento y el cartel informativo.

Trimestralmente se realiza una revisión funcional con la emisión de un informe detallado del estado de las instalaciones.

Anualmente, se realiza otra inspección, rellenando las fichas propuestas en la norma y emitiendo un informe que especifique claramente el estado de los equipos. También en este caso debe emitirse un parte correctivo en caso de detectarse deficiencias.

Cerramientos

Los cerramientos constituyen los límites del parque o jardín, al tiempo que permiten aislarlo del exterior. Al igual que cualquier otro elemento del jardín, sus características han de estar en consonancia con el estilo del entorno (figuras 2.29 y 2.30).

Figura 2.29. Cerramiento de parque público.

Figura 2.30. Cerramiento característico de un jardín de estilo mediterráneo.

Suelen ser de obra para cumplir también una función de seguridad al impedir el paso, salvo por los puntos creados al efecto. Pueden ser íntegramente de fábrica de ladrillo (visto o no) o estar construidos con elementos metálicos, en cuyo caso precisan de un muro en la base para afianzarlos al suelo. El elemento metálico más empleado es el enrejado metálico, más o menos tupido.

Otra forma muy común de cerramiento es el que lleva vegetación asociada, con lo que resulta un cerramiento de naturaleza mixta (figura 2.31). La función de la vegetación puede ser doble:

- Ocultar el cerramiento a la vista en su parte interior, integrándolo completamente en el diseño del jardín.
- Aumentar la opacidad del elemento inerte, especialmente cuando se trata de malla metálica.

Figura 2.31. Cerramiento mixto de vivienda unifamiliar.

Las dos formas más comunes de vegetación asociada son la trepadora (a la que el material de obra sirve de soporte) y el seto, que contribuye a dar rigidez al conjunto.

Mantenimiento

El mantenimiento dependerá de los elementos que integren el cerramiento. En los elementos metálicos vigilaremos su tratamiento antioxidación, especialmente si se trata de pintura, pues con la intemperie se degrada y es necesario repintar periódicamente. En los muros vigilaremos grietas, manchas de humedad y desmoronamientos. En el caso de aparecer grietas, antes de repararlas se tendrá que proceder a analizar la causa que las ha provocado, ya que ésta tiene que ser eliminada antes de su reparación. Se vigilará que las raíces no afecten a la base, provocando grietas en los muros, levantamientos o deformaciones.

3

ÚTILES Y MAQUINARIA

Útiles

Disponer de las herramientas adecuadas es fundamental para conseguir resultados óptimos en el trabajo (figura 3.1). Resulta más económico y práctico adquirirlas de buena calidad, si no queremos que se rompan a la mitad

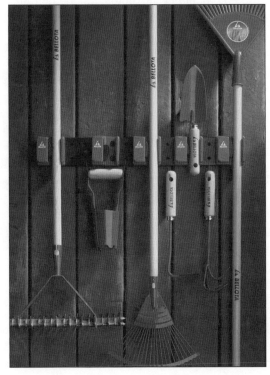

Figura 3.1. Juego de útiles o herramientas colocadas en soporte-organizador de pared (Bellota).

de algún trabajo que requiera un poco de esfuerzo o no queremos tener que sustituirlas al final de la temporada. No debemos olvidar las duras condiciones de uso de este tipo de herramientas: expuestas a las condiciones climáticas por trabajar a la intemperie, con materiales abrasivos como la tierra, sometidas a esfuerzos incluso de palanca, etcétera.

Para favorecer su durabilidad es fundamental usarlas correctamente y llevar un buen mantenimiento (especificado al final del apartado). No se debe utilizar una herramienta para una tarea para la que no esté concebida, por ello es imprescindible que dispongamos de la herramienta específica para cada operación que tengamos que llevar a cabo.

Palín, trasplantador

El palín es una pequeña pala para plantar y trasplantar plantas de pequeño tamaño (ideales para las de temporada), pero también resulta muy útil para mezclar sustratos diferentes, añadir abonos o fertilizantes sólidos y otros trabajos en superficies reducidas o macetas y jardineras. Es una herramienta que se presenta exclusivamente con mango corto (12-15 cm) (figura 3.2).

Figura 3.2. Palín o trasplantador con mango de madera (Bellota).

Azada

La azada permite cavar la tierra y practicar los hoyos de plantación, mullir y airear el terreno alrededor de las plantas de dimensiones medias o grandes, realizar alcorques para el riego con manguera o simplemente para aprovechar el agua de lluvia, eliminar malas hierbas y realizar los surcos para hortícolas. Se encuentran muchos tipos diferentes de hoja en el mercado; para elegir una u otra atenderemos principalmente al peso y a la anchura de la hoja para que se adapte mejor al trabajo para el que la necesitemos.

También la encontramos de reducidas dimensiones y con mango corto para los trabajos en superficies pequeñas; entonces se llama *azadilla*. Ésta suele llevar en el otro extremo dos o tres púas llamadas *horquillas* cuya función se explica a continuación (figura 3.3). Una variante de la azadilla es la *escardilla* (o *escardillo*) que, además de para airear y mullir la tierra, se utiliza para eliminar las malas hierbas. Es muy similar a la azada, pero es más estrecha, lo que posibilita trabajar con más seguridad cerca de las plantas en espacios reducidos. La encontramos con mango corto, con astil de media longitud (80 cm) y con astil largo (de 120 a 140 cm) para trabajar erguido.

Figura 3.3. Hoja de azada con horquilla de dos púas para mango desmontable (Bellota).

Una variante de la azada es el *desbrozador* o *raedera*. Consiste en una ancha cuchilla, de escaso filo, en forma de U, con un tipo de enganche al largo mango que permite un movimiento de vaivén. Se utiliza introduciendo la cuchilla unos centímetros en la tierra, por debajo de las malas hierbas para eliminarlas de raíz y evitar su rebrote. Si el suelo no está compactado, la eliminación de las malas hierbas con esta herramienta requiere menos esfuerzo que con la azada y no se voltea el terreno.

Horquilla

La horquilla es una especie de tenedor que sirve para mullir el sustrato, para romper la costra superficial y para ayudarnos a extraer plantas causando un daño mínimo a las raíces (figura 3.4).

Figura 3.4. Horquilla de mano, para flores, con mango de madera (Bellota).

Rastrillo

El rastrillo limpia la superficie del terreno de elementos pesados o voluminosos, como piedras, malas hierbas, basuras (papeles, botes de bebidas, bolsas de plástico, etc.). También sirve para alisar y nivelar la superficie del terreno en las siembras y plantaciones, y para el mantenimiento de caminos de grava o albero. Se le puede incorporar un astil largo o un mango corto para trabajar jardineras o parterres (figura 3.5).

Figura 3.5. Rastrillos con dientes en distinto número y tamaño y astiles de madera (Bellota).

Encontramos una variante en el *rastrillo de mantillo*, con dientes más finos y largos para esparcir el mantillo sobre las praderas. En ambos casos los encontramos de varias anchuras, que se miden por el número de dientes.

Escoba jardinera

La flexibilidad de sus largos dientes permite eliminar de las praderas hojarasca y los restos de siega sin dañar las plantitas que la constituyen. Sirve para recoger las hojas caídas en otoño sin alterar la superficie del suelo ni dañar las plantas. Su escaso peso permite trabajar con ella muchas horas y maniobrar fácilmente entre las plantas. Sus finos dientes metálicos y flexibles no permiten utilizarla para recoger objetos pesados o piedras; para ello tenemos que recurrir al rastrillo. Al igual que el rastrillo, encontramos modelos de pequeñas dimensiones para jardineras o parterres (figura 3.6).

Figura 3.6. Escobas jardineras de distintos tipos de púas (Bellota).

Astil

El astil es el mango de la herramienta. El tradicional es de madera, y puede encontrarse en tres longitudes distintas: corta (12-30 cm) para utilizar con una sola mano en las herramientas pequeñas para macetas, rocalla, etc.; media (aproximadamente, 80 cm) para utilizar sobre todo en azadas y escardillas, con las que ya tenemos que trabajar con las dos manos, con fuerza, pero también con precisión; larga (a partir de 120 cm) para rastrillos, escobas jardineras, desbrozadores y escarificadores.

Actualmente disponemos de astiles de calidad en dos materiales nuevos, que ofrecen muchas ventajas: el aluminio y la fibra de vidrio. Los de aluminio son muy ligeros y duraderos, y, además, permiten adoptar diseños avanzados para hacerlos *extensibles* o telescópicos (hasta 80 cm los de longitud media y hasta 4 m los más largos), con mangos ergonómicos y con cabezales que mediante un sistema sencillo y cómodo permiten el *intercambio de herramientas* (figura 3.7). Los de fibra de vidrio los encontramos en herramientas cortas, realizadas por entero en ese material, resultando así muy ligeros (pesan casi la mitad que los equivalentes metálicos con mango de madera) y resistentes.

Figura 3.7. Modelos de mango extensible intercambiable con distintas herramientas acopladas (Bellota).

Podadera

La podadera es una herramienta fundamental para el jardinero; se debe mantener perfectamente afilada para que practique los cortes limpios y no pellizque. En el mercado encontramos una gran variedad de modelos que se adaptan a todas las operaciones: cortar flores, cosechar, formar y podar arbustos, podar frutales, etc. Además de distintas formas de hoja, presentan diferentes tamaños y pesos para permitir mayores anchuras de corte, que varían de los 15 a los 30 mm. Igualmente, se encuentran modelos para distintos tamaños de manos, para zurdos y para profesionales que han de realizar muchos cortes a lo largo de la jornada (figura 3.8).

Para *mantenerlas* en correcto estado es recomendable limpiarlas y afilarlas someramente tras cada uso. Para *afilar* se debe utilizar una piedra de grano medio con unas gotas de aceite. Con la tijera totalmente abierta se deben dar las pasadas a todo lo largo de la hoja, paralelamente al filo, y alternar una pasa-

Figura 3.8. Podaderas (Bellota).

da por la cara plana interior cada cinco o seis pasadas por la exterior. Las pasadas de acabado deben darse con una piedra de grano fino. Para *limpiar* y eliminar los restos de savia, de la hoja y de la contrahoja, existen líquidos específicos. Se puede utilizar simplemente aceite, el mismo con el que *engrasaremos* las hojas para evitar oxidaciones. Finalmente, se ha de lubricar el perno de unión y abrir y cerrar la tijera varias veces para que el aceite penetre. Este mantenimiento es el recomendado para todos los tipos de tijeras que se suelen utilizar en jardinería.

Podadera de dos manos

Esta podadera permite cortar ramas de grandes diámetros (de 20 a 65 mm). Las encontramos desde 35 cm de longitud hasta 81 cm. A mayor longitud de mango, mayor es el diámetro de rama que pueden cortar, de modo que las de 35 cm de longitud sólo permiten cortar ramas de 20 mm (como una podadera) y las de 66 cm de longitud pueden cortar ramas de 65 mm de diámetro (según fabricantes y modelos). Además de la longitud del mango, la capacidad de corte también depende del diseño de las hojas y de si la podadera dispone de algún sistema multiplicador del esfuerzo.

Encontramos dos tipos de contrahoja: una curvada y penetrante y otra recta y plana. La primera se llama *deslizante*, *de uña* o *bypass*, y la segunda, *de yunque*. El primer tipo es adecuado para madera verde y el segundo para madera dura o muerta (figura 3.9).

Cortarramas

El cortarramas consiste en una podadera que sustituye uno de los mangos por un adaptador a un largo mango llamado *pértiga* (que puede ser teles-

Figura 3.9. Podaderas de dos manos, la superior de uña y la inferior de tipo yunque, ambas con multiplicador (Bellota).

cópica), y el otro mango, por un sistema de poleas con una cuerda que realiza el cierre de las hojas. También puede estar constituido por un serrucho, como en la figura 3.10. Permite podar ramas altas de árboles sin tener que recurrir a una escalera o al difícil y peligroso sistema de trepa.

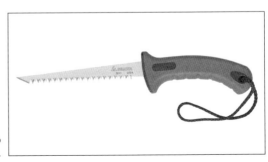

Figura 3.10. Serrucho cortarramas (Bellota).

Tijera recortasetos

La tijera recortasetos sirve para podar y modelar los setos o los arbustos aislados. Su principal característica son sus largas hojas (25 cm), lo que supone casi la mitad de la longitud total. En los setos de especies de hoja grande consiguen un acabado superior al del recortasetos mecánico. Presenta dos tipos de hojas: rectas y curvadas (figura 3.11). Estas últimas son recomendables para arbustos de tallos duros o poco tupidos, como la parra virgen. Las ondas de estas hojas retienen los grupos de ramas, evitando que se deslicen a lo largo de la hoja durante el corte. Algunos modelos de las tijeras de hoja recta incorporan varios centímetros de filo dentado en la base de la hoja con el mismo fin, para cortar las ramas más gruesas.

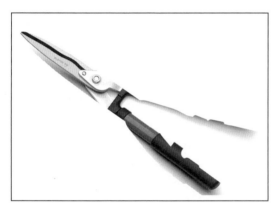

Figura 3.11. Tijera recortasetos de hojas curvadas (Bellota).

Escarificador

También llamado *cultivador*, sirve para airear y mullir la tierra más profundamente que con la horquilla, al tiempo que elimina las malas hierbas. Lo encontramos con mango largo para trabajar en el huerto o jardín y con mango corto para las plantas pequeñas para no dañar las raíces (figura 3.12).

Para escarificar el césped se requiere una herramienta distinta pero que recibe el mismo nombre. En este caso se trata de una especie de rastrillo que sustituye los dientes por cuchillas para cortar el fieltro (v. capítulo 2, «Praderas») y las raíces superficiales. Cortar las raíces superficiales fuerza a la planta ha desarrollarlas en profundidad para que crezcan correctamente, aprovechen mejor los nutrientes del suelo y sean menos sensibles a las pisadas, las labores de mantenimiento y los fenómenos atmosféricos.

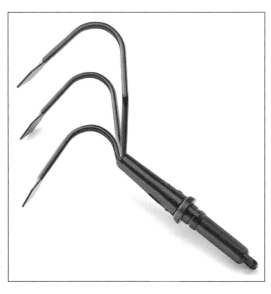

Figura 3.12. Cultivador o escarificador de tres púas (Bellota).

Plantador de bulbos

El plantador es una herramienta muy recomendable si se ha de plantar un número elevado de bulbos. Sirve para las dos épocas de plantación (otoño y primavera) y para todas las especies, aunque sean de pequeño tamaño como el muscari, o grandes, como el jacinto. Consiste en un cilindro ligeramente cónico con un mango que, al presionarlo por sus laterales, abre la boca del cilindro. Manteniendo la boca abierta se introduce en el lugar en que queramos colocar el bulbo hasta la profundidad adecuada a su tamaño, se deja de oprimir los laterales del mango y se retira del suelo, quedando el orificio hecho y el sustrato retenido dentro del cilindro. Se coloca el bulbo en el fondo del orificio y se libera el sustrato del cilindro presionando los laterales del mango, con lo que queda el bulbo cubierto. Para facilitar la colocación del bulbo a la profundidad adecuada suelen estar graduados en centímetros en un lateral (figura 3.13).

Carretilla

La carretilla permite trasladar cómodamente sustratos, abonos, herramientas, plantas, restos de poda y limpieza. Específicamente, para las herramien-

Figura 3.13. Plantador de bulbos (Bellota).

tas también encontramos en el mercado carritos con múltiples soportes y bandejas, pero no sustituyen a la carretilla. Para grandes superficies es necesario recurrir a equipos de mayor capacidad y autopropulsados (tipo *dumper*) o directamente a remolques acoplables a pequeños camiones (figura 3.14).

A continuación, se citan tres herramientas más específicas, pero que también es recomendable disponer de ellas: la *sembradora*, si se tiene césped o huerto; el *rulo* sólo en el caso de tener una zona de césped, y el *pulverizador*, que es imprescindible si se tienen arbustos o plantas de menores dimensiones.

Sembradora

La sembradora es de gran utilidad para el semillado del césped o para el cultivo de plantas hortícolas, ya que las otras especies se suelen implantar ya desarrolladas. En ambos casos son aparatos muy sencillos. Las de césped consisten en dos ruedas y una pequeña tolva con la base perforada

Figura 3.14. Remolque de gran capacidad acoplado a la cabeza tractora.

para ir dejando caer las semillas. Las de plantas hortícolas están formadas por un disco específico para cada especie, que deposita la semilla en el suelo con la separación adecuada a esa especie.

Rulo o rodillo para césped

El rulo tiene dos funciones distintas. La primera es asentar la semilla en el sustrato después de una siembra inicial o resiembra, y la segunda es comprimir la base de las plantas cespitosas para forzarlas a engrosar y conseguir un césped más tupido, dificultando la aparición y el desarrollo de malas hierbas. Cuando se va a utilizar se le introducen varios litros de agua por el orificio lateral específico para ello. Tras el uso, se retira el tapón y se vacía para trasladarlo más cómodamente. Otra opción es mantenerlo lleno con varios kilogramos de arena si el almacenaje y el traslado no requieren mucho esfuerzo. Hay que tener la precaución de vaciarlo totalmente de agua y dejar sin colocar el tapón hasta que se haya secado por completo; es mejor la opción del agua que la de la arena.

Pulverizador

El pulverizador es una herramienta sencilla y multifuncional cuya función original es aplicar productos fitosanitarios líquidos. De hecho, la mayoría de los productos fitosanitarios se presentan en estado líquido o en polvo para disolver en agua. Incluso hay productos fitosanitarios que se presentan listos para aplicarlos directamente y salen de fábrica en este tipo de envase. Hay pulverizadores de dos tipos: los que trabajan a presión normal, accionados por la mano y con depósitos de tipo botella de 2 l de capacidad máxima, y los que se les aumenta la presión en el interior del depósito, de hasta 14 l de capacidad.

Los del primer tipo tienen el uso limitado a pocas plantas y de poco volumen por la escasa capacidad del depósito. Son muy utilizados para elevar la humedad ambiental para las plantas de interior, uso que se matiza en el segundo apartado del capítulo 10 sobre la salud de las plantas de interior.

Los que permiten elevar la presión del líquido y llevan un depósito de gran capacidad van equipados con una boquilla emisora en el extremo de una corta manguera desde el depósito, y correas para poderlos transportar sujetos a la espalda o en bandolera.

Equipos de protección individual (EPI)

Los equipos de protección individual son elementos que nos protegen de un riesgo que no se puede eliminar. Además de estar obligados a su empleo por la Ley de Prevención de Riesgos Laborales cuando estamos desarrollando una actividad laboral, su uso es igualmente imprescindible cuando la operación que exige la protección la realizamos en nuestro domicilio. En el caso de que se trabaje con productos fitosanitarios (tanto en su aplicación como en su dosificación y preparación) deben seguirse las instrucciones indicadas por el fabricante. Siempre es recomendable el uso de mascarilla cuando se manipulan directamente este tipo de productos.

En el manual que acompaña a cualquier máquina figuran los EPI que tenemos que usar al utilizarla. En el caso de las herramientas debemos aplicar el sentido común y extremar la precaución.

Los elementos de protección más utilizados son los siguientes:

- *Guantes*. Indispensables para el jardinero en la mayoría de las operaciones. Encontramos distintos tipos de guantes para ajustarse a las condiciones específicas de cada operación: desbrozado, trabajo con rosales, poda, aplicación de fitosanitarios, etcétera (figura 3.15).
- *Protectores auditivos*. En el uso de maquinaria que genere un elevado nivel de ruido. Especialmente si los trabajos son de larga duración.

Figura 3.15. Guantes (Bellota).

- *Gafas*. Se tienen que utilizar con el recortasetos para evitar lesiones en los ojos por la proyección de fragmentos del seto. Su uso es recomendable cuando se trabaja con arbustos de forma próxima, especialmente en la poda.
- *Pantallas protectoras*. Estas caretas son de obligado uso cuando se trabaja con la desbrozadora, ya que lanza partículas de suficiente tamaño y con suficiente fuerza como para provocar lesiones en el rostro. Las hay con protector auditivo incorporado.
- *Ropa de trabajo*. Ya sea de una pieza (mono o peto) o de dos, protege el cuerpo de pequeñas lesiones que pueden tener múltiples causas en el trabajo cotidiano de un jardinero: arañazos, irritaciones, quemaduras superficiales por contacto térmico o incluso intensas por el sol, pinchazos. En las operaciones de segado del césped es necesario llevar cubiertas las piernas, y en las de desbrozado, además, los brazos, ya que la desbrozadora proyecta partículas con fuerza que llegan al operario, a pesar de la pantalla protectora de que dispone junto al elemento de corte. Es importante que la ropa de trabajo quede ceñida en las muñecas y los tobillos para protegerlos también y para evitar enganches. Se dispone de prendas adaptadas a las distintas condiciones meteorológicas: lluvia, frío intenso, calor.
- *Calzado*. Debe ser cómodo y de suela antideslizante, especialmente cuando se trabaja sobre suelo mojado por lluvia o riego, o sobre pradera. Debe cubrir totalmente el pie y mantenerse bien sujeto. En el caso de trabajar con desbrozadora, motoazada o cortacésped, además, debe estar reforzado.

- *Casco.* Necesario cuando se realizan podas de árboles o en cualquier otra situación con riesgo de traumatismos craneales por la caída de objetos desde cierta altura. Los hay que van equipados con protector auricular y pantalla integrados.

Mantenimiento de los útiles

Las operaciones de mantenimiento prolongan la vida útil de las herramientas y permiten la correcta realización de sus funciones. Básicamente son las siguientes:

- Limpiar la herramienta tras cada uso, eliminando los residuos del material trabajado (tierra, savia, etc.).
- Usar cada herramienta correctamente ajustada según su función.
- Afilar las cuchillas (cuando las haya).
- Sustituir las piezas rotas (si es posible) y no usar la herramienta hasta haberla reparado en el caso de rotura o deterioro.
- Guardar las herramientas a cubierto de las inclemencias del tiempo.

■ Maquinaria

Cortacésped

El cortacésped (figura 3.16) es absolutamente indispensable si se tiene pradera. Encontramos una grandísima variedad en el mercado. Las diferencias

Figura 3.16. Cortacésped. Viking (Stihl).

fundamentales entre unos modelos y otros, desde un punto de vista estrictamente técnico, son las siguientes:

- *Sistema de corte*: rotativos o helicoidales.
- *Fuente de energía*: manuales, eléctricos y a gasolina.
- *Avance*: manual (de empujar) o de tracción (autopropulsado, ya que el motor acciona las ruedas además de las cuchillas).

Sistema de corte

El sistema de corte depende de la posición de las cuchillas. Los cortacéspedes *rotativos* son los más comunes; sin embargo, no sirven para cortes de menos de 2 cm de altura, por lo que para aquellas praderas que se quieren mantener a baja altura hay que usar los helicoidales. Los *helicoidales* se usan para céspedes de corte bajo, ya que pueden cortar a milímetros; por ejemplo, para un césped ornamental compuesto de especies finas. El corte de las cuchillas helicoidales es más limpio que el de las rotativas.

Fuente de energía

Los cortacéspedes *manuales* consisten simplemente en unas cuchillas torsionadas y montadas sobre dos ruedas. Son de utilidad cuando la superficie de pradera es muy reducida (menos de 50 m^2).

Los *eléctricos* son más baratos y requieren menos mantenimiento, pero tienen menor capacidad de trabajo por dos circunstancias: tienen menos potencia y necesitan conectarse a la energía eléctrica. Hay modelos que llevan una batería para evitar este inconveniente, pero en este caso lo que tenemos limitado es la autonomía de corte a la duración de la carga de la batería.

Los que llevan *motor a gasolina* pueden ser de dos tiempos o de cuatro tiempos; en estos últimos es donde mayor variedad encontramos.

En todos los casos, lo que tenemos que evaluar a la hora de decidirnos por un modelo en concreto es:

- La superficie a cortar.
- La pendiente del terreno.
- La altura de corte.
- Las prestaciones técnicas para facilitar el trabajo y hacerlo más cómodo.

A mayor **superficie de trabajo** lo elegiremos de mayor potencia y mayor anchura de corte. Ésta varía en torno a los 32 cm los más estrechos y 56 cm los más anchos. Para **terrenos en pendiente** tendremos que elegir modelos de alta potencia, con banda de rodadura en las ruedas de suficiente tracción. La **altura** a la que cortemos el césped determina su aspecto. Para un acabado tipo *green*, es necesario que pueda cortar por debajo de los 20-22 mm; para acabado tipo *césped*, tiene que poder cortar a 40 mm de altura máxima, y para el tipo *pradera* cualquiera por encima de esa altura de corte es válido.

En cuanto a las **prestaciones técnicas** encontramos gran número de características:

- Con o sin recogedor de la hierba cortada.
- Capacidad del recogedor e indicador de llenado.
- Avance manual (de empujar) o de tracción (autopropulsado) que avanza solo.
- Arranque manual o eléctrico.
- Una o varias velocidades.
- Número de alturas de corte y sistema para ajustarlas.
- Sistema de seguridad de parada de la cuchilla.
- Nivel sonoro.
- Manillar regulable y plegable.
- Facilidad de acceso a la cuchilla para su mantenimiento.

Para superficies especialmente grandes (de más de 5.000 m²) encontramos los cortacéspedes *autoportantes*, en los que el operario va sentado (figura 3.17). Son robustos y con capacidad de corte de hasta 7.000 m²/h

Figura 3.17. Cortacésped autoportante. Viking (Stihl).

a tan sólo 3 cm de altura. Por sus prestaciones y su precio nacieron como máquinas de uso profesional para grandes parques, complejos residenciales o de ocio y deporte. Sin embargo, cada vez más fabricantes las ofrecen a precios más bajos y con unas prestaciones adaptadas a superficies menores, de1.000-2.000 m². Esta variedad se refleja también en los precios.

Cortasetos

Los encontramos eléctricos y a gasolina. Los primeros tienen menos potencia y menos capacidad de trabajo, además del evidente problema de la disponibilidad de energía eléctrica cuando hablamos de espacios exteriores. Su uso puede ser interesante en el mantenimiento de nuestro jardín particular de reducidas dimensiones. Para el resto de los casos es conveniente un cortasetos a gasolina, cuyas características de motor de los modelos disponibles en el mercado son: cilindrada aproximada de 25-30 cm³, potencia inferior a 1 kW, y peso muy variable (en vacío, de 2 a 6 kg). Lo característico de esta máquina es el espadín (elemento cortante). Puede ser de distintas longitudes, con un máximo de 75 cm, cortante por ambos lados o sólo por uno y de hasta 33 mm de abertura de cuchillas para cortar más fácilmente las ramas gruesas. Para facilitar el corte con la inclinación que se desee los hay con la empuñadura giratoria (figura 3.18).

Figura 3.18. Cortasetos a motor con espadín largo (Stihl).

Motoazada

La motoazada sirve para arar la tierra y prepararla para plantar, por lo que su uso es más propio del huerto que del jardín, pero aún así tiene una utilidad a considerar aunque no dispongamos de huerto. Además, disponen de múltiples complementos que pueden ser de utilidad en el mantenimiento de un jardín: escarificadores para el césped, así como cortabordes y aireadores, fresas de escarda para mantener los parterres y la base de árboles o arbustos sin malas hierbas, remolques. La variedad de tipos y modelos que ofrece el mercado es tan elevada como en el caso de los cortacéspedes. Para elegirla acorde a nuestras necesidades entre la amplia gama del mercado hemos de considerar la anchura de trabajo y la potencia que desarrolle.

Desbrozadora/motoguadaña

Las encontramos de motor de dos tiempos y de cuatro tiempos. Estructuralmente son iguales y actualmente las diferencias entre una y otra se han eliminado, de modo que encontramos motoguadañas de tanta potencia como una desbrozadora. Las características de una motoguadaña ligera son: motor de dos tiempos de 27 cm^3 y 0,75 kW, 4,5 kg de peso. Es la máquina adecuada para superficies reducidas y con maleza poco densa. Para grandes superficies o maleza densa y arbustos se necesita una desbrozadora (figura 3.19) o una

Figura 3.19. Desbrozadora con cabezal de hilo y mandos en el manillar.

motoguadaña potente: 45 cm³, 2,1 kW, 8 kg de peso. Con potencias altas se alcanzan pesos elevados de la máquina, como acabamos de ver. Por ello, muchos modelos son de tipo mochila (figura 3.20), para cargar en la espalda el motor y manejar el elemento de corte fácilmente gracias a su unión flexible. Estos modelos son de *manillar cerrado*, que permite limpiar en lugares más estrechos y difíciles, frente al *abierto* de dos empuñaduras, que permite un manejo más relajado y con menos esfuerzo para grandes superficies, ya que habitualmente es más ergonómico.

Figura 3.20. Motoguadaña de mochila con disco de corte y manillar redondo (Sthil).

El **accesorio de corte** depende de lo que se tenga que cortar. Hay tres tipos: cabezal de hilo de nailon, disco de puntas y disco de dientes. Para montar discos la potencia de la motoguadaña debe ser media o alta.

El *cabezal de hilo* permite segar césped, perfilar o cortar bordes, cortar maleza poco densa y de plantas herbáceas (de tallos tiernos). Disponemos de tres tipos de cabezales: simple (con 1-2 hilos), doble (con 2-4 hilos), y semiautomático, con un solo hilo pero de muy fácil reposición conforme se va desgastando. El hilo también puede ser de diferentes grosores para ajustarse mejor a la vegetación que se debe cortar. Los grosores en milímetros son 1,6; 2; 2,4; 2,7; 3 y 3,3 mm, y en la marca Sthil los encontramos tipificados por colores, respectivamente: azul, verde, amarillo, naranja, rojo y negro.

Los *discos* de 3 o 4 puntas sirven para cortar maleza densa, matorrales y zarzales, y el de 8 puntas, además, para juncos. El de dos dientes curvados, o cuchilla de triturado, es apropiado para hierba resistente, matorral y zarzales en lugares de difícil acceso. Los discos de 50 o más dientes (sierras circulares) sirven para arbustos y troncos delgados, para el desbrozado forestal.

Es fundamental el uso de un **equipo protector** adecuado ante los diversos riesgos que supone el uso de este tipo de máquinas. Los principales riesgos son de corte en alguna extremidad por uso incorrecto, y de impacto por lanzamiento de objetos a alta velocidad. Para reducir los efectos del primer riesgo son necesarios los guantes y las botas, para reducir los del segundo, la careta y el pantalón largo y manga larga resistentes. A causa del ruido del motor es necesario el uso de protectores auditivos.

Resulta de gran interés la posibilidad de utilizar un mismo motor con distintos elementos de trabajo desmontables e intercambiables que ofrecen algunos fabricantes. Por ejemplo: retirar el elemento cortante de la desbrozadora e incorporarle un cortasetos que nos permita trabajar con facilidad los setos altos.

Biotrituradora

La biotrituradora tritura los residuos vegetales del mantenimiento de zonas verdes, como restos de poda de setos o arbustos, de desbrozado y de siega de praderas. Con ello, conseguimos reducir considerablemente el volumen de residuos. El uso relevante es realizar el primer paso para compostar los restos vegetales, que así se reciclan y vuelven a incorporarse al suelo como abono (figura 3.21).

Las hay eléctricas o a gasolina, pero la característica que más las determina es el diámetro máximo de rama que son capaces de triturar. Para los restos de siega de la pradera, de hojas caídas y de maleza desbrozada, es suficiente con las de menor potencia. Pero para los restos de poda de árboles y arbustos, es necesario que elijamos una con suficiente potencia para el tamaño de los residuos a procesar.

Soplador/aspirador

Ambos son muy útiles para la limpieza en otoño de las hojas caídas de los árboles de calles o jardines, hierba cortada, papeles o plásticos. La estructura y funcionamiento de ambos tipos de máquina son muy parecidos, pero los aspiradores, además, tienen la función de picado del material que aspiran.

Figura 3.21. Biotrituradora.
Viking (Stihl).

Los aspiradores (figura 3.22) son de potencia algo inferior a 1 kW, pero tienen la gran ventaja de que se transforman fácilmente en sopladores con el acople de un tubo de soplado. Las *características medias* de una máquina de este tipo pueden ser: cilindrada de 27 cm^3 y peso 5,5 kg.

Figura 3.22. Aspirador-picador
(Stihl).

Los sopladores (figura 3.23) llegan a tener potencias de hasta 2,5 kW con una cilindrada de 56,5 cm³. Pero éstos superan incluso los 9 kg de peso, por lo que son modelos de mochila. Para grandes superficies es conveniente recurrir a ellos, ya que permiten trabajar más tiempo al recaer el peso del motor sobre la espalda. El precio de estos sopladores de alta potencia es superior al de los aspiradores.

Figura 3.23. Soplador de mochila (Stihl).

Pulverizador

Los pulverizadores son fundamentales para aplicar tratamientos fitosanitarios en grandes espacios o a árboles de más de 3 m de altura. Funcionan mediante una bomba accionada por un motor a gasolina. Son equipos profesionales que incorporan un depósito de gran capacidad y un sistema de pulverización de líquido con múltiples boquillas emisoras que consiguen que la aplicación del fitosanitario sea uniforme y cubra perfectamente toda la superficie de las plantas tratadas. Encontramos un modelo de menor rendimiento, que viene a ser el de mochila manual al que se le ha incorporado un motor de potencia inferior a 1 kW (figura 3.24).

Mantenimiento de la maquinaria

Un mantenimiento adecuado es fundamental para la vida de la máquina y para la correcta realización de sus funciones. Básicamente, se compone de *limpieza de todos sus elementos*, *mantenimiento del motor*, *engrase de partes móviles* y *afilado de cuchillas* (si las tiene). La máquina debe ir acompañada siempre de su libro de mantenimiento facilitado por el fabricante, y nos ajustaremos a las recomendaciones que figuren en él tanto en lo que respecta a la forma correcta de uso, como a las operaciones que se deben

Figura 3.24. Pulverizador atomizador a motor de mochila (Stihl).

realizar y a su frecuencia o momento para realizarlas. Es recomendable apuntar en dicho libro las operaciones de mantenimiento efectuadas, así como todas las reparaciones de la máquina para poder comprobar fácilmente que la tenemos a punto y que no hemos olvidado nada al respecto. Aprovecharemos la época de menor o nulo uso (generalmente, en invierno) para llevar a cabo una revisión general.

Las operaciones generales de mantenimiento del motor de gasolina son las siguientes:

- Comprobar el nivel de aceite (motor de cuatro tiempos) antes de cada uso y reponerlo siempre que esté por debajo del nivel mínimo.
- Revisar el filtro del aire y limpiarlo si fuera necesario.
- Cambiar el aceite (motor de cuatro tiempos) y el filtro de aire y de aceite (motor cuatro tiempos) según lo recomendado por el fabricante, en función de las horas y las condiciones de trabajo.
- Cambiar la bujía.

4

ADQUISICIÓN DE PLANTAS Y PLANTACIÓN

Condiciones de calidad en el momento de la adquisión

A la hora de adquirir una planta debemos tener presente que se trata de un ser vivo y, por lo tanto, sensible a los cambios en sus condiciones de vida y el medio que la rodea.

- Cada ejemplar ha de estar etiquetado individualmente, con el nombre completo y correcto, especificando variedad y sexo en su caso.
- Las hojas han de ser numerosas y de aspecto saludable, sin decoloraciones. No debe haber hojas caídas alrededor de la planta o en el contenedor.
- En árboles y arbustos, el tallo debe ser vertical y la yema (*monopódica*: un eje central principal) o yemas (*simpódica*: varios ejes de igual entidad) terminales deben estar intactas.
- Las coníferas y frondosas monopódicas deben presentar un solo tronco, sin ramas verticales que compitan con la guía (eje central).
- No deben presentar heridas ni síntomas de plagas o enfermedades. La sanidad se comprobará no sólo en el ejemplar elegido, sino también en los que lo rodean.
- El cepellón debe estar íntegro, sujeto a las raíces, húmedo, dejar el cuello al aire y, en árboles y arbustos, su anchura debe ser como mínimo ocho veces el diámetro de la base del tronco.
- Las raíces no deben asomar por fuera del contenedor y no deben presentar *espiralización* (por permanecer demasiado tiempo en un contenedor pequeño); cuando las raíces alcanzan las paredes del contenedor continúan creciendo en espiral; al desarrollarse el sistema radicular del árbol y engrosarse, estas raíces pueden provocar su *estrangulamiento*.
- La poda de formación que se le haya realizado al árbol debe ser la del porte natural de la especie, salvo en los casos especiales.

▌ Plantación

Época de plantación

Depende de la presentación de la planta. La mayoría de las plantas se venden con cepellón (raíces en sustrato) y en contenedor de plástico, malla o escayola (figura 4.1). En este caso podemos proceder a la plantación en cualquier época del año, aunque conviene evitar los días de más frío del invierno o de mayor calor en verano. Si, además, se trata de una planta de hoja perenne, la época más favorable es a principios de otoño, para que puedan enraizar antes de la llegada del invierno. La otra variante de presentación es a raíz desnuda, sin cepellón, que es relativamente frecuente en plantas de hoja caduca, especialmente frutales y rosales. En este caso, la planta será más barata, pero la época de plantación se reduce, limitándose al período en el que está sin hojas, es decir, en invierno.

Figura 4.1. Plantación de parterre con planta de temporada desde bandeja de alvéolos.

Mientras procedemos a seguir los pasos de la plantación, la planta adquirida tiene que estar protegida de los rayos del sol y del viento. Las de raíz desnuda no pueden permanecer más de 24 h con las raíces al aire, por lo que las introduciremos en un recipiente con agua o en barro si es por unas horas, o las enterraremos si el tiempo de espera va a ser mayor.

Apertura del hoyo

Los hoyos deben prepararse unos días antes de la plantación para que el terreno se airee, procurando no mezclar ni permutar los *horizontes* (franjas de distinta profundidad). A continuación, se llenará de agua para comprobar que se vacía en menos de 24 h; de no ser así, deberemos colocar tuberías de drenaje debajo.

Dimensiones del hoyo y altura de plantación

Como regla general, se puede considerar que el hoyo debe ser un tercio mayor que el contenedor en el que se encuentra la planta, pero cuanto mayor hagamos el hoyo, mejor y más rápido será el desarrollo del sistema radicular y, por tanto, de la planta. Un ejemplar arbóreo con gran desarrollo necesita un hoyo de 1 m de diámetro y 70 cm de profundidad. Antes de introducir el cepellón, se eliminan las raíces dañadas. La altura de plantación es la profundidad con respecto al nivel final del suelo a la que se debe colocar la planta. Ésta será tal que el cuello de la planta quede a ras del suelo, de igual forma a como se encontraba en el contenedor. El hueco se rellena con una buena tierra de jardín, y se apisona bien junto a las raíces, que deben quedar firmes y mantener el tronco en posición vertical.

Colocación de tutores

Los árboles necesitan durante los dos primeros años un tutor, que se coloca en el momento de la plantación, atándolo con cuidado al tronco para no estrangularlo.

Riego

Tras terminar de llenar el hoyo con tierra y compactarla, se realiza un riego abundante para humedecer toda la tierra aportada. Con este riego, el sustrato se asienta, y es posible que poco después la planta aparezca torcida o que el nivel haya bajado, dejando el cuello demasiado alto. Ambas incidencias se han de subsanar. Cuando se produzca el aumento de las temperaturas, se regará de forma periódica y copiosa. A estos riegos se les llama *riegos de arraigo* porque se aplican a plantas que todavía no han arraigado por completo.

Separación en un seto

Dentro del seto la separación entre una planta y la siguiente está determinada por la especie, variando entre los 30 cm de las lavandas o el boj, los 45 cm de la forsitia o el berberis, los 60 cm para el tejo, el carpe o el avellano, y los 75 cm para el *Cupressocyparis leylandii* o similares. No realizaremos hoyos individuales, sino una zanja de unos 50 cm de anchura por 60 u 80 cm de profundidad; la llenaremos con tierra de buena calidad o mejorada con abono bien fermentado, compactaremos bien la de alrededor de los cepellones y regaremos abundantemente.

Pasos para la implantación de una pradera

Para la implantación de una pradera es conveniente seguir los 12 pasos que se detallan a continuación:

1. *Instalar una red de drenaje en caso necesario*.
2. *Instalar la red de riego automatizado*. Automatizada porque la dependencia de la pradera del riego es muy grande y la frecuencia de riegos también, y automatizando tenemos seguridad y comodidad. Los emisores serán aspersores, si tenemos una amplia zona de pradera, o microaspersores o difusores para superficies menores, según el caudal disponible y el tiempo de riego.
3. *Eliminar las malas hierbas*. Es muy conveniente eliminar todas las malas hierbas existentes, las desarrolladas y las que están en semilla. Para ello, se riega para provocar la germinación de las semillas y después se aplica un herbicida total, como por ejemplo, glifosato. Cuando el herbicida haya matado la maleza (después de 15 días si usamos glifosato), se labra.
4. *Aplicar una enmienda* orgánica o enmienda de arena, si es necesario, para mejorar la textura, el drenaje y la fertilidad.
5. *Labrar el suelo* a una profundidad de unos 30 cm. Con azada sólo si es una superficie muy pequeña, si no, con motoazada.
6. *Aplicar un abonado de fondo*. Uno muy empleado es 5 o 6 kg por cada 100 m^2 de fertilizante complejo 15-15-15.
7. *Nivelar el suelo con el rastrillo*, quitando las piedras y deshaciendo terrones para dejar la superficie lisa.
8. *Sembrar* con la mezcla elegida, o bien plantar tepes. La mejor época es el inicio de la primavera o el otoño. También se puede hacer en verano si somos muy cuidadosos con los riegos iniciales, y en climas cálidos incluso en invierno. La dosis de siembra será la indicada en el envase ya que varía según las especies de la mezcla; suele estar en torno a los 30-40 g/m^2. Se hará lo más uniforme posible, marcando calles sobre el

terreno si fuera necesario. La semilla se repartirá en dos pases perpendiculares entre sí.

9. *Aplicar una capa de cubresiembras*. Es mantillo o turba, solo o mezclado con arena. Se puede sustituir por un rastrillado superficial para enterrar las semillas.

10. *Dar un pase de rulo* para poner en contacto la tierra con las semillas y favorecer su germinación.

11. *Regar*. Debe regarse dos o tres veces al día para mantener la cama de siembra húmeda de 2 a 5 cm de profundidad. A la semana comenzarán a apreciarse las plantitas, en verano y en las especies más rápidas. Cuando las plantas alcanzan los 2 cm de altura debe reducirse la frecuencia de riego gradualmente, y aumentar la dotación para humedecer más profundamente.

12. *Tratamiento preventivo con fungicida* de amplio espectro, si la siembra la realizamos en primavera o verano. Aplicándolo cuando las plantitas tienen dos o tres hojas evitamos que un probable ataque de algún hongo afecte a la pradera. Según el producto empleado, puede ser necesario dar un segunda aplicación a los 10 o 12 días.

Podemos conseguir establecer una pradera en menos tiempo, si en vez de semillas empleamos planchas de tepe. El *tepe* son láminas de césped desarrollado, cortado con gran parte del sistema radicular y la tierra que lo rodea. Se transporta enrollado y hay que evitar su desecación, ya que pierde la humedad muy rápidamente. Su colocación es sencilla y rápida.

5

ABONADO Y FERTILIZACIÓN

Características

Las sustancias minerales que las plantas necesitan en mayor medida son los llamados *macroelementos* o *macronutrientes*, y son tres: nitrógeno, fósforo y potasio (tabla 5.1).

Tabla 5.1. Macronutrientes

Elemento	Funciones
Nitrógeno (N)	Estimula el crecimiento general de la planta. Es fundamental para la producción de masa verde (desarrollo vegetativo). En exceso, estimula el crecimiento de hojas pero inhibe la floración
Fósforo (P)	Mejora el desarrollo radicular, la floración y la fructificación. Es fundamental en las leñosas, pues es responsable de la elaboración de lignina. Fortalece la planta frente a las enfermedades
Potasio (K)	Aumenta la resistencia natural de la planta ante enfermedades, plagas, sequía y frío. Favorece la acumulación de reservas de las bulbosas, tubérculos y raíces. También estimula la producción de semillas. En las hortalizas, mejora el tamaño, el sabor y el color de los frutos

Además de los macronutrientes, otros elementos se incorporan del suelo a la planta. Son menos importantes por la cantidad que requieren las plantas, pero son determinantes para su óptimo desarrollo. Son los llamados oligoelementos o micronutrientes: Mg, Cu, Zn, Ca, B, S, Mn, Fe, Co.

Resulta conveniente conocer los síntomas que muestra una planta cuando tiene un aporte inadecuado de alguno de los macronutrientes para poder subsanar rápidamente la situación. En la tabla 5.2 se resumen estos síntomas tanto en el caso de déficit como de exceso (situación que suele ser menos probable).

Tabla 5.2. Síntomas que muestra una planta cuando tiene un aporte inadecuado de macronutrientes

Elemento	Déficit	Aporte para la corrección	Exceso
Nitrógeno (N)	Color general verde pálido Amarilleamiento de las hojas, inicialmente de los nervios	Estiércol o compost Fertilizante nitrogenado Lodos de aguas residuales	Retraso en la floración Gran crecimiento Sensible a enfermedades
Fósforo (P)	Color general oscuro Planta pequeña	Estiércol Fertilizante fosfórico Lodos de aguas residuales	Impide la absorción de oligoelementos
Potasio (K)	Borde de las hojas amarillento Crecimiento lento	Estiércol o compost Fertilizante potásico Cenizas de madera	Poco crecimiento Escasa producción

Para aumentar la cantidad de nutrientes disponibles en el suelo se procede al abonado o a la fertilización. En general, se llama *abono* al producto nutritivo de origen orgánico (animal o vegetal) y *fertilizante* al producto de síntesis o de origen mineral, si bien comúnmente, en el caso de productos minerales, la terminología puede ser indistinta. A parte de esta diferencia, el producto aplicado puede ser de distintas clases. A continuación, hacemos dos clasificaciones atendiendo a dos criterios diferentes:

Por su aplicación:

- *De fondo*: se aplican cuando se prepara la tierra, antes de proceder a la plantación.
- *Cobertera*: se aplican a la tierra a lo largo del desarrollo de la planta; es la forma usual de aplicación.
- *Foliar*: forma más actual, que supone una muy rápida disposición de los nutrientes para la planta.

Por su origen:

- *Orgánico animal*: estiércol, gallinaza, sirle, guano, etc.
- *Orgánico vegetal*: compost, restos vegetales.
- *Mineral*: nitrogenados, fosforados, compuestos (integrados por dos [binarios] o tres [ternarios] macroelementos y, además, pueden llevar también oligoelementos).
- *Organomineral*: mezcla de orgánico y mineral.

Presentación física

- *Polvo*: adecuados cuando su solubilidad en agua es reducida, son la forma sólida menos cómoda de manejar.
- *Granulado*: permiten una cómoda y uniforme distribución, así como una dosificación más exacta que en polvo.
- *Cristalino*: de similar manejo al granulado, además suelen ser formas muy solubles.
- *Blister y macrogranulado*: de gran comercialización en la actualidad, tras su aplicación permiten una dosificación continua durante un largo período; de gran aplicación en jardinería de interior.
- *Formulaciones líquidas*: las encontramos con presión (por alta concentración de NH_3), que han de ser aplicadas con un equipo especial, suspensiones y soluciones acuosas (las más usadas por su facilidad de manejo).
- *Pastillas hidrosolubles*: para aplicar con difusores adaptables a la boca de la manguera, cuando regamos los macizos o parterres.

Formulación de los compuestos

Los fertilizantes compuestos aportan más de un macronutriente. Tienen que especificar en el envase la *formulación*, que no es más que la expresión en porcentajes del contenido de cada uno de los elementos que los componen. Esta fórmula está normalizada, de tal forma que el orden de expresión es siempre: N, P, K y oligoelementos (en el caso de aportarlos). Por ejemplo, el triple 15 (15-15-15) contiene un 15% de nitrógeno, un 15% de fósforo y un 15% de potasio.

Mención aparte merecen los *fertilizantes de liberación lenta*, llamados así porque van liberando sus nutrientes poco a poco a lo largo de los meses. Presentan la gran ventaja de que con su uso se reducen las pérdidas por lavado y las consecuencias negativas, si por cualquier error se realiza un aporte excesivo (el más problemático es el N). Además, suponen menores necesidades de mano de obra para el mantenimiento, y la posibilidad de mantener a plantas óptimamente nutridas en una zona de acceso poco frecuente. Se trata de cápsulas, en las que los elementos nutritivos se encuentran envueltos en ceras o resinas, que permiten la difusión en función de la temperatura, y en menor medida de la humedad, pero independientemente del tipo de suelo (pH, contenido en materia orgánica, etc.). En el mercado encontramos diferentes composiciones nutritivas y con distintas duraciones para las mismas condiciones.

Las **deficiencias de micronutrientes** no son frecuentes, especialmente cuando aplicamos todos los años abonos, ya que éstos cubren suficientemente las bajas necesidades que las plantas tienen de ellos. En el caso de aplicar sólo fertilizantes, como es muy común en las plantas de interior, sí puede aparecer algún caso de deficiencia. Por ello, la mayoría de los fertilizantes actuales incorporan también micronutrientes en su formulación. Pero el caso que suele ser más problemático (especialmente para el Fe) es cuando el pH del suelo mantiene al elemento en forma insoluble y, por tanto, la planta no puede aprovecharlo. Esta carencia se corrige con la aplicación de fertilizantes especiales, llamados *quelatos*. Estos productos son caros comparados con los restantes fertilizantes. La forma de aplicarlos puede ser foliar (de muy rápido efecto) o al suelo.

La diferencia entre un producto para el profesional y uno para el aficionado o de consumo doméstico, en la actualidad, no es más que la presentación en volúmenes menores para el segundo usuario.

▌ Compostaje

En el mantenimiento de una zona ajardinada se producen grandes cantidades de residuos vegetales, especialmente en otoño. Las principales generadoras de estos residuos son las podas (de saneamiento, de mantenimiento, recorte de setos, etc.), la limpieza de malas hierbas, la siega de la pradera y el proceso natural de defoliación otoñal de árboles y arbustos caducos. El volumen así generado de restos vegetales es lo suficientemente importante como para que sea interesante su tratamiento, para devolverlo al ciclo de desarrollo del jardín al aportarlo al suelo como compost. Especialmente cuando este tratamiento, el compostaje, es sencillo y no requiere aparatos ni instalaciones sofisticadas.

Básicamente, el compostaje consiste en una fermentación aerobia, en condiciones de humedad, que genera calor.

Si por tratarse de una superficie de jardín pequeña o particular, no derivamos los residuos a una planta compostadora, podemos realizarlo nosotros mismos, fácilmente, teniendo en cuenta algunas consideraciones que se detallan a continuación.

- *Ubicación*. Se pueden realizar montones al aire libre sobre el propio suelo, en un rincón oculto del jardín o en la zona de herramientas. Pero un sistema más limpio, cómodo y eficaz son las compostadoras de paneles plásticos, desmontables y ligeros, disponibles en varias firmas comerciales. En ellas se van depositando los materiales triturados por capas que se van humedeciendo. La parte superior es practicable para un cómodo llenado. Según se tiene más material se continúa añadiendo y según se va curando el mantillo se va extrayendo por la portezuela inferior.
- *Material*. La correcta combinación del carbono y el nitrógeno es lo que produce un compost de calidad. Esta combinación se produce de forma natural al aportar partes tiernas (ricas en N) con partes leñosas (ricas en C). Respecto a los materiales que se producen en las casas hay que tener en cuenta que cuando se trata de verduras frescas y tiernas como hojas de lechuga, acelgas, cáscaras de manzana, etc., están más cerca de los materiales ricos en nitrógeno. Cuando son materiales más secos como pan, galletas (hidratos de carbono) o alimentos similares, están dentro de los materiales ricos en carbono.
- *Transformación previa*. Es necesario triturar los materiales antes de ponerlos a fermentar, y cuanto más desmenuzados queden mucho más rápido será el proceso.
- *Condiciones*. Para mantener estas condiciones, tendremos que aportar humedad (sin encharcar) y remover para airear. Si el aporte de oxígeno (la aireación) no es suficiente se produce una fermentación anaerobia que produce putrefacción y mal olor. En el caso de recurrir a una compostadora, los orificios enfrentados de que dispone son suficientes para que se produzca una correcta aireación. Si optamos por el montón, tendremos que voltearlo periódicamente.
- *Tiempo*. El tiempo de fermentación depende de la naturaleza de los materiales utilizados, de lo triturados que estén y de los factores de humedad y calor. (Si se aporta calor, el proceso es más rápido.) Como orientación, podemos considerar que tarda entre 4 y 6 meses.

6

EL RIEGO

Actualmente, es importante no olvidar que el agua es un bien cuyo uso debemos racionalizar debido a su escasez y su vulnerabilidad. El aprovechamiento del agua será máximo aportando a la planta la dosis ajustada a sus necesidades, y solamente donde sea necesaria, por lo que evitaremos especialmente mojar elementos como caminos, muros, fuentes, etc. Las necesidades de una planta dependen fundamentalmente de la especie a la que pertenece, pero también de las **condiciones de cultivo**:

- *Exposición*: si está en orientación sur y expuesta totalmente a los rayos solares tendrá necesidades más altas que si está en las restantes orientaciones o en semisombra.
- *Vegetación circundante*: si existe una agrupación de plantas se mantiene más la humedad, creándose un pequeño microclima.
- *Mantenimiento del suelo*: si mantenemos un acolchado de paja o similar disminuimos la evaporación de agua del suelo, al igual que si no se trabaja el suelo, manteniéndose una costra superficial.
- *Estado sanitario*: las plantas que estén afectadas por una plaga o enfermedad tendrán necesidades algo superiores.
- *Fertilización*: si aportamos elevadas cantidades de abono o fertilizante (concretamente, N) estimularemos un crecimiento acelerado, por lo que las necesidades de agua serán mayores.

Calidad del agua de riego

Las características del agua que son de relevancia en su uso para el riego son básicamente tres: salinidad, dureza y temperatura.

- La *salinidad* la determina la presencia de sales disueltas de sodio (Na), frecuente en aguas subterráneas de acuíferos sobreexplotados. El Na se acumula en el suelo al desaparecer el agua en la que iba disuelto, por evaporación o por absorción de las raíces, convirtiéndolo en suelo salino (v. capítulo 2, «Elementos naturales», «El suelo»).

- La *dureza* la determina la presencia de carbonatos disueltos. Las aguas blandas tienen bajos contenidos en carbonatos y son las ideales para el riego. Las aguas duras sólo pueden emplearse para regar terrenos arenosos, y siempre lo tendremos en cuenta para prevenir las obturaciones que pueda causar en el sistema de riego localizado.

- La *temperatura* del agua de riego debe estar próxima a la temperatura a la que se encuentra la planta para evitarle un choque térmico. Generalmente, éste no es un problema, ya que debemos evitar regar en las horas centrales del día, especialmente en verano, procurando regar en las primeras horas de la mañana. Pero sí que hemos de tener en cuenta la temperatura cuando utilizamos el agua de un pozo profundo, porque en este caso la temperatura del agua puede ser mucho más baja que la ambiental, incluso en esas horas.

El *agua de pozo* debe ser analizada antes de su uso, ya que es frecuente que sea salina o caliza. En función de los resultados obtenidos, veremos la posibilidad de utilizarla o no como agua de riego, o las medidas complementarias que hemos de tomar para poderla utilizar, de manera que las plantas no resulten perjudicadas ni enfermen.

Las *aguas residuales recicladas* (procedentes de depuradoras) se pueden utilizar perfectamente para el riego, especialmente para el del césped. Ahora bien, dada la variabilidad de su composición, es necesario analizarlas o que la empresa suministradora nos aporte el resultado de su análisis o la garantía de que se ajusta a unos intervalos predefinidos, que nos han sido proporcionados inicialmente.

En estos análisis comprobaremos que no haya elementos tóxicos (Na, Cd, Cl, metales pesados), contaminantes biológicos (protozoos, bacterias) o que se encuentran en cantidades mínimas. Estas aguas suelen tener altos contenidos en fósforo, por lo que si se emplean de forma continua, se debe considerar el aporte adicional de fertilización fosfórica para evitar que se produzca *fitotoxicidad*, por su exceso en un caso extremo, y para no invertir innecesariamente en un fertilizante fosfórico.

Riego manual

A continuación, describimos los dos métodos de riego manual, cuyas características los convierten en interesantes en condiciones muy concretas. Ambos son susceptibles de realizar fertirrigación. En el caso de la regadera, añadiéndole fertilizante líquido, en la dosis correspondiente a su capacidad según las indicaciones del fabricante. En el caso de la manguera, ajustándole a la boca un aplicador que hace circular el agua por su interior, donde lleva fertilizante en pastilla soluble.

Regadera

El uso de la regadera es adecuado cuando se tiene un número reducido de plantas y éstas tienen necesidad de un pequeño volumen de agua. Por tanto, se puede utilizar para las plantas de interior, las macetas y jardineras en terrazas o patios de pequeñas dimensiones, y para el semillero del huerto. Conviene recordar que no se deben mojar las flores con el agua del riego; para evitarlo es mejor utilizar modelos de regaderas con boca fina sin alcachofa o que sea extraíble para regar las plantas florecidas. Encontramos modelos de muy variada capacidad: desde menos de un litro hasta más de 10 litros. A la hora de elegir uno u otro, en cuanto a capacidad, tendremos que tener en cuenta el número de macetas a regar y el peso que supone llenarla de agua.

Manguera

La manguera sustituye a la regadera en el exterior cuando el número de elementos a regar es elevado y para jardines de pequeñas dimensiones. También es de utilidad como complemento al riego de aspersión o localizado, ya sea durante su implantación, como seguridad ante un posible fallo, o en pequeñas zonas a las que el otro tipo de riego no alcance (por problemas de diseño u otros). A de tenerse en cuenta que con manguera se desperdicia mucha agua y, además, requiere un tiempo considerable de mano de obra, por lo que debe procurarse que su uso sea mínimo.

Riego automatizado

Dada la dependencia de la mayoría de los espacios ajardinados del agua de riego en nuestras condiciones climáticas (verano seco), resulta de gran interés incorporar a la instalación de riego la automatización del sistema, y así racionalizar su funcionamiento y manejo. El grado de automatización puede ser muy variable. El más sencillo o básico consiste en incorporar una válvula programable, que funcione con una batería, que se encargue de abrir y cerrar el paso del agua al sistema de riego localizado, en los días y a las horas programados. El grado más elevado de automatismo es un sistema de riego informatizado, con programadores-satélite, para grandes y diferentes áreas, que toma información periódicamente del estado de humedad para determinar él mismo el momento y la dotación (cantidad de agua) de riego.

Los criterios a tener en cuenta para elegir el sistema de automatismo son los siguientes:

- Tiempo total disponible para regar.
- Dimensión de la zona a regar.
- Mantenimiento y flexibilidad.

Riego por aspersión

Este tipo de riego realiza la distribución del agua en forma de lluvia artificial, lanzándola a más de 5 m de distancia del emisor, llamado *aspersor*. Pueden ser de alta, media o baja presión, necesitando los dos primeros un grupo motobomba que eleva la presión del agua que entra en el sistema de riego, y la mantiene para su correcta distribución.

Los aspersores modernos cuentan con regulación de presión, que limita la presión de entrada a un valor óptimo de trabajo, evitando la aplicación de mayor cantidad de agua de la adecuada, así como el efecto de nebulización, que produce gotas de muy poco peso, que no tienen el alcance suficiente y que son fácilmente arrastradas por el viento. Para evitar actos vandálicos se recomienda emplear los que emergen por la propia presión del agua. En jardinería su empleo más adecuado se limita a las grandes superficies de pradera (figura 6.1).

Riego localizado

El riego localizado aplica el agua en puntos concretos del suelo. Es de bajo caudal de agua y, por tanto, de alta frecuencia de riego. Su mayor ventaja frente al de aspersión es su menor gasto de agua, ya que la aplica directamente a la zona de máximo desarrollo de las raíces. Además, no necesita altas presiones. En función del emisor se clasifica en goteo, microaspersión, microdifusión y tuberías exudantes.

Figura 6.1. Riego por aspersión en pradera con arbustos.

- *Goteo.* Los más modernos son autocompensantes, capaces de ajustar la presión del agua (dentro de unos límites) para trabajar todos los del sector a igual presión, evitando diferencias en el caudal aportado entre unos y otros. Las tuberías de color marrón permiten que la instalación pase inadvertida, efecto que se consigue totalmente si recurrimos a la instalación de tubería portagoteros enterrada. Para colocarlo, primero se distribuye la tubería portagoteros y, posteriormente, en ella se pinchan los goteros en los puntos necesarios. Su uso más recomendable es en plantas permanentes del jardín: árboles, arbustos y setos, además de en las macetas o contenedores, especialmente para los ubicados sobre pavimento (figura 6.2).

Figura 6.2. Riego por goteo en parterre con planta de temporada.

- *Microaspersión*. Como su propio nombre indica, se trata de aspersores de reducidas dimensiones, que trabajan a presión normal y con poco alcance. Está especialmente indicado para zonas de césped de dimensiones pequeñas, zona de arbustos y parterres con planta de cierta altura para evitar humedecer las flores.

- *Microdifusión*. Es muy similar a la microaspersión pero aquí el chorro de agua abarca toda la superficie regada simultáneamente. Sus aplicaciones son las mismas.

- *Tuberías exudantes*. Son tuberías enterradas junto al sistema radicular; por lo tanto, su profundidad de instalación varía en función de si van a regar árboles, arbustos o herbáceas. Estas tuberías difunden el agua por medio de poros, a todo lo largo de su estructura. Las pérdidas de agua son nulas. Son adecuadas para todo tipo de plantas, pero su uso no está muy difundido en jardinería. Presentan el inconveniente de que la planta tiende a concentrar el sistema radicular a su alrededor. Este efecto se evita aplicando mayores cantidades de agua en cada riego, para aumentar el volumen de suelo mojado y que así se desarrollen raíces por toda la zona húmeda.

■ Fertirrigación

Consiste simplemente en incorporar fertilizante al agua de riego, lo que supone dos ventajas importantes:

- En una misma actuación realizamos dos operaciones de mantenimiento, con el ahorro de tiempo y mano de obra que supone.
- El fertilizante queda a disposición de la planta inmediatamente después del riego, pues se localiza en la zona de absorción, junto a las raíces.

El fertilizante puede ser sólido o líquido, siempre y cuando sea completamente soluble o miscible en agua a temperatura ambiente y no produzca precipitados. Si este último requisito no se cumple, se puede obstruir el equipo de riego y, además, la dosificación no es uniforme, es decir, unas zonas o plantas reciben una cantidad excesiva de fertilizante y otras quedan insuficientemente fertilizadas.

Todos los sistemas de riego pueden realizar fertirrigación: manual, aspersión y localizados, si bien estos últimos son los más adecuados. La principal diferencia para realizar fertirrigación en unos y otros es el complemento del equipo de riego en el que se debe incorporar el fertilizante.

7

LA SALUD DE LAS PLANTAS

Identificación de plagas, enfermedades y deficiencias de cultivo

Los problemas de salud que pueden sufrir las plantas se clasifican en tres grupos según el agente causante:

- Animales parásitos → plaga.
- Microorganismos parásitos → enfermedad.
- Medio ambiente → deficiencia de cultivo.

Plagas

Hay un gran número de especies de animales que pueden causar daños a las plantas, si bien la mayoría pertenecen a la clase de los insectos. Pero para considerarlos plaga, además, deben encontrarse en número elevado, suficiente para causar un daño evidente. Luego no hablaremos de plaga cuando tengamos controlada la población de una especie perjudicial, ya sea de forma artificial, con la aplicación de tratamientos químicos, o mediante el fomento de sus predadores naturales con lucha biológica (figura 7.1).

A continuación, se enumeran las principales plagas que atacan a las plantas cultivadas en nuestras condiciones ambientales.

Nematodos

Son pequeños gusanos que viven en el suelo. Necesitan condiciones de humedad. Se alimentan de las raíces y con ello provocan la decadencia de toda la planta.

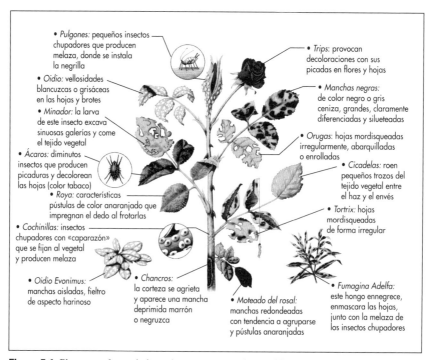

Figura 7.1. Plagas y enfermedades más comunes en arbustos (Comercial Química Masso, S. A.).

Ácaros

El más común que puede atacar las plantas es la araña roja, con la aparición de colonias en el envés de las hojas. Se detectan también por la tela que forman, similar a la de las arañas. Requieren temperaturas cálidas y ambiente seco. Se alimentan de la savia de la planta, picando sus hojas, por lo que aparecen puntos amarillentos en el haz. Si el ataque es intenso provocan la defoliación de la planta. Se combaten con fitosanitarios denominados acaricidas.

Ciempiés

Algunos de estos miriápodos viven en el suelo y se pueden alimentar de partes subterráneas de las plantas. Son menos frecuentes en el jardín que en el huerto, de donde se pueden capturar mediante trampas de patatas partidas por la mitad o tiestos boca abajo.

120

Insectos

Existen infinidad de especies que pueden afectar a nuestros cultivos. Pueden provocar distintos daños en las plantas, como por ejemplo:

• El barrenillo, minador que vive en el interior de las plantas, alimentándose de los tejidos internos.
• El pulgón, que perfora los brotes tiernos y los capullos florales, deformándolos (figura 7.2).

Figura 7.2. Pulgón y mosca blanca en capullos de adelfa.

• La cochinilla, que tiene una coraza que le da aspecto de lapa y se fija principalmente a los tallos, de los que chupa la savia, deteniendo el desarrollo de la planta.
• La mosca blanca o las orugas defoliadoras, que viven en el exterior del vegetal y atacan a los distintos órganos aéreos de la planta.
• La mariposa del geranio (*Cacyreus marshalli*), plaga específica de esta planta que realiza su puesta sobre las yemas o los capullos florales. Las orugas penetran en el tallo, se alimentan de sus tejidos internos y salen al exterior dejando un evidente orificio.

La manera en que las distintas especies de insectos producen los daños en la planta depende del aparato bucal que tengan, así como de su ciclo biológico, aspectos que son muy importantes para decidir el tipo de insecticida. En este sentido, para eliminar insectos con aparatos bucales masticadores (saltamontes, escarabajo, hormiga), chupadores (mosca) y lamedores (mariposa, avispa) se suelen utilizar insecticidas que actúan una sola vez, que son ingeridos por el invertebrado, mientras que contra los insectos picadores (pulgón, cochinilla) los usados son aquellos que actúan por contacto con el cuerpo del animal. Por otro lado, contra larvas y crisálidas en estado de latencia, que no se nutren, se utilizan insecticidas que actúan por asfixia, se aplican principalmente en invierno y tienen apariencia aceitosa.

Moluscos

Caracoles y babosas pueden causar graves problemas en las herbáceas y en el huerto, especialmente si existe suficiente humedad ambiental. Son masticadores y dejan zonas mordisqueadas, así como rastros de «baba» que se reconocen con facilidad.

Enfermedades

Son provocadas por seres vivos (hongos, bacterias, virus) que penetran en la planta a través de grietas, estomas, etc., para aprovecharse de ella para su crecimiento. Son causantes de graves daños.

Provocadas por hongos

Se conocen como *enfermedades criptogámicas*. Los hongos se desarrollan en ambientes húmedos y a temperaturas medias o elevadas. Por tanto, su desarrollo se limita a la primavera y el otoño o al verano, y a zonas de clima húmedo o con riego. Se combaten con fitosanitarios denominados fungicidas.

Los síntomas más frecuentes son podredumbres, manchas en hojas y tallos o afloramientos de aspecto pulverulento. Se reproducen a través de esporas que son propagadas por el viento.

Los hongos más frecuentes son los siguientes:

• *Mildiu*: produce unas manchas amarillentas en el haz de las hojas, que más tarde se van oscureciendo y volviendo pardas o negras, agrandándose rápidamente. Aparece inicialmente en las hojas adultas, extendiéndose posteriormente a los tallos.

- *Oidio*: recubre hojas, tallos y capullos con un polvo blanco o gris, inicialmente puede ser en forma de manchas redondeadas, pero rápidamente se extiende de forma irregular. Este polvillo se adhiere a los dedos al tocarlo.
- *Roya*: se caracteriza por pústulas anaranjadas en el envés de las hojas y en los tallos.
- *Antracnosis*: provoca la muerte de los tejidos apareciendo grandes manchas circulares de color marrón oscuro o negras, que se extienden por la hoja, empezando por su extremo, y por los tallos, afectando incluso a brotes enteros.
- *Botritis*: reblandece y pudre los tejidos de hojas, flores y frutos, pero afecta principalmente a la base del tallo de la planta. También llamada *podredumbre húmeda* o *gris* por el aspecto de la zona afectada.
- *Phythium*: muy similar a la botritis, pero sólo afecta a la base de la planta, sin tanta coloración gris. Supone la muerte de la planta tras su marchitamiento general.
- *Phytophtora*: pudre las raíces más superficiales. Sus síntomas son pérdida de vigor, marchitamiento general y, finalmente, defoliación y muerte de la planta. En las coníferas provoca su amarronamiento.

Provocadas por bacterias o virus

Su identificación es difícil porque los síntomas son muy variados, en función de la especie de planta atacada y de la atacante.

Los más frecuentes en el caso de una **bacteriosis** van desde la aparición de manchas foliares de color pardo-amarillento o de aspecto oleaginoso, a la desecación de todas las ramas jóvenes y los brotes; aparición de tumores, tanto en el sistema aéreo como en el radicular; podredumbre del cuello (zona de transición de la planta de la parte aérea a la subterránea), y desarrollo general ralentizado.

En el caso de una **virosis**, los síntomas habituales son encorvaduras de las hojas, manchas necróticas foliares (muerte de tejidos que toman color marrón y consistencia quebradiza), amarilleo foliar en forma de mosaico (que da nombre a varias virosis), desarrollo general ralentizado y numerosas brotaciones axilares. Se reproducen rápidamente mediante vectores de propagación, como herramientas y pulgones.

Los tratamientos contra estas enfermedades son complejos y caros. Sin embargo, se puede realizar un tratamiento preventivo eficaz en los viveros de producción, que consiste en la selección de semillas y plantas sanas para la multiplicación. En el caso de que surja alguna enfermedad es recomendable la eliminación y quema rápida de las partes afectadas o, mejor aún, de toda la planta.

Deficiencias de cultivo

También llamadas *enfermedades ambientales*, son las alteraciones de salud provocadas por alteraciones en el medio ambiente, como las debidas al tiempo meteorológico (heladas, granizadas, fuertes vientos, sequía, etc.), las condiciones del suelo (impermeabilidad, compactación, falta o exceso de agua, etc.), o la presencia de elementos contaminantes en el aire, el suelo o en el agua de riego.

La planta sufre un debilitamiento general de forma que se hace más vulnerable al ataque de parásitos y otras enfermedades. Inicialmente se observan unos síntomas imprecisos, como marchitez en algunas partes de la planta, cambios de coloración, pudrimientos, caída de hojas, ausencia de floración, etcétera.

Los efectos debidos al tiempo meteorológico se pueden atenuar mediante cubriciones de plástico, acolchados del suelo, etc. Por otro lado, para tener un suelo adecuado para los cultivos habrá que hacer enmiendas correctoras según los problemas detectados, así como un correcto laboreo de las parcelas.

Enfermedades carenciales

Son todas aquellas patologías provocadas por un desequilibrio o defecto de los distintos elementos minerales que necesitan las plantas para su correcto desarrollo. Pueden deberse a alteraciones de los distintos macroelementos como:

- *Nitrógeno*: es un componente fundamental de las proteínas y de la clorofila; su escasez provoca amarilleo en las hojas jóvenes y caída prematura.
- *Fósforo*: forma parte de los ácidos nucleicos; su falta reduce el desarrollo de las plantas, las raíces y los frutos, y produce manchas amarillas que se transforman rápidamente en púrpuras.
- *Potasio*: es necesario para la activación de la fotosíntesis y para la regulación del contenido hídrico de la planta. Su escasez provoca manchas

amarillas en los bordes de las hojas, encorvamiento de los tallos y necrosis en las zonas de crecimiento.

• *Calcio*: es imprescindible para el correcto desarrollo radicular y para la absorción del nitrógeno por las raíces. Un síntoma de su carencia es un sistema radicular poco desarrollado.

• *Magnesio*: es un constituyente de la clorofila y un activador de reacciones enzimáticas. Su falta produce clorosis, amarilleo de las hojas con nervaduras verdes, tallos cortos y reducidos y retraso del crecimiento.

• *Azufre*: constituyente de las proteínas y de la clorofila. Su déficit produce amarilleo en las zonas verdes de la planta.

Por otro lado, la planta también necesita la presencia de una serie de elementos en pequeña cantidad, los oligoelementos, como:

• *Hierro y manganeso*: necesarios también para la síntesis de la clorofila, por lo que su ausencia produce clorosis en la planta (figura 7.3).

Figura 7.3. Comparación de hojas cloróticas (izquierda) con hojas sanas (derecha) en un olmo.

• *Boro*: es responsable de la regulación hídrica y el metabolismo del nitrógeno. Su carencia produce retraso en el crecimiento.

Las enfermedades carenciales son de difícil diagnóstico, ya que no tienen una sintomatología clara y existen enmascaramientos entre unos elementos y otros. Intentaremos prevenir las carencias minerales aportando un abonado orgánico adecuado y un correcto laboreo de la tierra.

■ Tratamientos fitosanitarios

Resulta primordial tener presente que un jardín es un medio natural, vivo, en el que nosotros introducimos unas plantas (flora) que sirven de base a un conjunto de diferentes especies animales (microfauna y macrofauna). La población de una especie perjudicial se controla mediante el fomento de sus predadores naturales.

Dependiendo del momento de aplicación del tratamiento con respecto a la aparición del daño, distinguimos dos clases de tratamiento: *preventivo* (cuando se aplica antes de que aparezca el patógeno o los síntomas lesivos) y *curativo* (cuando se aplica tras la aparición del patógeno o los síntomas lesivos, lo que significa que la planta ya está enferma).

Tratamientos preventivos

Son los de menor coste y evitan los daños iniciales a las plantas. Es importante mantener las condiciones de salubridad. Así, las principales causas de aparición de problemas son:

- Desequilibrio o exceso en la fertilización; especialmente, la elevada cantidad de nitratos.
- Presencia de monocultivos.
- Especies o variedades inadecuadas a las condiciones ambientales de la zona.
- Exceso de humedad en la aplicación del agua de riego, escasa aireación e iluminación, falta de drenaje del exceso de agua de riego.

Para combatir estos problemas, las primeras actuaciones deberían consistir en lo siguiente:

- Emplear una adecuada fertilización orgánica para conseguir mejorar la estructura del suelo.
- Utilizar insecticidas biológicos y minerales para promover el mantenimiento de los posibles predadores naturales.
- Promover la lucha biológica mediante el fomento de los predadores naturales, y la potenciación de sus enemigos naturales (reptiles, erizos, aves).
- Proteger las plantas ante las inclemencias del tiempo, del suelo, y mantener un adecuado sistema de riego.

- Evitar el uso de herbicidas químicos, ya que son contaminantes y alteran la estructura del suelo. Para el control de las hierbas espontáneas, se procederá al escardado y acolchado, manteniéndolas en niveles aceptables.
- Eliminar y quemar hojas y plantas enfermas o muy parasitadas para evitar que no se contagien otras plantas.
- Favorecer la aireación y la ventilación; evitar el exceso de riego, la humedad excesiva en las hojas y flores y el insuficiente drenaje del exceso de agua en el sustrato.

Tratamientos curativos

Lucha química

Consiste en emplear plaguicidas químicos, como organoclorados, organofosforados, carbamatos y piretroides, para el control de plagas. Estos productos conllevan unos enormes efectos negativos sobre el medio ambiente y la salud.

Según las formas de actuación de los insecticidas, se clasifican en sistémicos, de contacto, por ingestión.

Estos productos están caracterizados por un enorme poder residual, por lo que son muy persistentes en el medio ambiente. Además, tienen otra serie de efectos perniciosos:

- Dañan los microorganismos y la fauna del suelo.
- Son acumulativos en los organismos, de forma que afectan a toda la cadena alimentaria.
- Son contaminantes del suelo y los acuíferos, donde pueden provocar focos de toxicidad.
- Los animales perjudiciales, con el tiempo, se hacen resistentes a los plaguicidas, por lo que es necesario incrementar progresivamente las dosis de insecticida, con las graves consecuencias que se derivan de ello.

Formas de aplicación: líquido, pulverizado y espolvoreado.

Lucha biológica

Consiste en utilizar trampas, animales o microorganismos, predadores o parásitos, para el control de las plagas que afectan a los cultivos. Respetar a los animales beneficiosos que viven en nuestro jardín puede tener efectos muy positivos, por lo que se debe fomentar su presencia con bebederos, casetas anidaderas, etcétera.

- Insectos como chinches predadoras, mariquitas o luciérnagas comen pulgones, ácaros, orugas, cochinillas e incluso caracoles y babosas.
- Arácnidos, como la araña de jardín.
- Reptiles y anfibios son también muy recomendables; fomentaremos su presencia mediante la instalación de pequeñas zonas encharcadas.
- Aves insectívoras. Se puede fomentar su presencia mediante la instalación de casetas anidaderas, bebederos, etcétera.
- Algunos mamíferos, como musarañas, erizos y murciélagos, son de gran utilidad por lo que también los respetaremos.

Insecticidas biológicos

Productos hechos a base de plantas u otro origen natural, que se pueden preparar en casa para tratar el huerto o jardín: purín de ortigas (*Urtica dioica* y *U. urens*), decocción o infusión de cola de caballo (*Equisetum arvense*), purín o decocción de helecho, pelitre (flores de crisantemo, tabaco, tagetes y caléndula), etcétera.

Existen, además, insecticidas biológicos en el mercado, como:

- Rotenona.
- Pelitre: veneno para todos los insectos, incluso mariquitas y otros predadores; no es tóxico para las personas; se aplica en polvo o en pulverización.
- Alumbre (sulfato alumínico-potásico); es eficaz contra pulgones, orugas y babosas.
- Soluciones de jabón blanco; eficaz contra pulgones y araña roja.

Podemos usar cebos nutricionales para capturar a los animales perjudiciales. Con feromonas sintéticas o biológicas se pueden atraer insectos perjudiciales hacia trampas diseñadas al efecto, como la procesionaria del pino.

8

EL JARDÍN PARTICULAR

Diseño

Antes de diseñar el jardín debemos tener algunos conocimientos elementales sobre la naturaleza del suelo.

Para que la floración sea intensa, el grado de iluminación que recibe la planta debe ser elevado, dentro de la exposición solar adecuada a la especie para evitar quemaduras. Este aspecto lo tendremos que valorar en el momento de elegir especies para lugares poco iluminados, como calles estrechas con edificios altos, patios con altas paredes, y a la hora de ubicar los ejemplares, como zonas de sombra frecuente o permanente (base de grandes árboles, sombra proyectada por la vivienda). Por ello, es fundamental en un primer paso, reflejar en el *plano de situación* la vivienda y los demás elementos elevados que pueden producir sombra, especificando la orientación geográfica (norte).

Construcción

Se trata de un proceso laborioso en el que los pasos a seguir serán los siguientes:

- *Replanteo de plano sobre el terreno*, distribución de zonas, caminos, plazas, etcétera.
- *Movimiento de tierras*: el suelo tiene dos capas en lo que respecta a la vegetación: la superior fértil, con elevado nivel de vida y nutrientes, explorada por las raíces y por la fauna del suelo; y la inferior, prácticamente inerte para la flora. En el movimiento de tierras tendremos que tener especial precaución para no mezclarlas (empobreceríamos la fértil) y más aún para no voltearlas

e intercambiarlas. Siempre que sea posible, y cuando la capa superior sea suficientemente óptima para el desarrollo de las plantas, se retirará al comenzar las obras, reservándose a un lado, para volverla a esparcir como primer paso en la preparación del terreno para las plantaciones, una vez finalizadas las obras.

- *Construcción de la obra civil*: red de saneamiento, de drenaje, de riego, alumbrado, viales, plazas, bordillos.
- *Instalación del equipamiento y elementos arquitectónicos*: escaleras, pérgolas, fuentes, bancos, etcétera.
- *Preparación del terreno para plantaciones*: mejorar sus condiciones físicas (textura, estructura) y químicas (pH, fertilidad), realizando los análisis previos necesarios para determinar sus valores, y según los resultados aplicar las oportunas enmiendas y abonados.
- *Replanteo de las especies vegetales*.
- *Ahoyado y plantación o siembra*.
- *Riegos de arraigo*.

■ Combinaciones con frutales y hortícolas

Inclusión de frutales en el jardín

Los árboles frutales son unos elementos de gran interés para incluir en un jardín que disponga de suficiente espacio.

Casi todos son de hoja caduca. Además de ser productivos, pueden ser muy decorativos, proporcionando espectaculares floraciones en primavera.

Si no se quiere tener varios ejemplares, podemos colocar algún ejemplar aislado de frutal, que generalmente ocupará un lugar privilegiado dentro del jardín doméstico. Puede ser de una especie peculiar, como la higuera, el olivo o el nogal, o de floración espectacular como el almendro, o de producción de interés particular como el manzano o el peral. Hileras de árboles, macetas aisladas, etc., son muchas las posibilidades de disposición de estas plantas en el terreno disponible.

Los jardines pequeños también pueden incluir algún ejemplar de frutal a pesar de no tener mucho espacio. Las posibilidades que podemos barajar son el cultivo de árboles injertados con patrones enanizantes o escoger variedades poco vigorosas. La poda también nos puede ayudar a distribuir mejor el espacio, ya que la mayoría de las especies admiten la poda hacia formas planas.

Combinación

Para saber primero cómo llevar a cabo el cultivo de frutales en el jardín, debemos tener clara la cantidad a incluir. Teniendo esto en cuenta, existen dos posibilidades de inclusión: hacer un huerto de frutales o un jardín con frutales.

Un huerto de frutales es una posibilidad en la que optamos por cultivar un gran número de árboles, dejando una zona especialmente reservada para ellos dentro del jardín.

En el caso de decidir que solamente queremos incluir algunos árboles de este tipo, intercalaremos los frutales con las demás plantas del jardín. La función de estos frutales es doble, ornamental y productiva. Al plantarlos, podemos ubicarlos de diferentes formas. Una posibilidad es por grupos de varios ejemplares.

Inclusión de hortícolas en el jardín

También resulta muy interesante la incorporación de especies hortícolas a nuestro jardín. Si bien este tipo de plantas requiere bastantes cuidados, también aporta muchas satisfacciones. Al tratarse de cultivos un poco especiales, hemos de tener en cuenta una serie de consideraciones acerca de la parcela que se destina como huerto, la elección de las especies y la siembra.

Las condiciones óptimas de una parcela para convertirla en un huerto son las siguientes:

- Nivelado o con una pendiente muy ligera (2-3%).
- Profundidad de suelo fértil mínima de 30 cm.
- Bien drenado y con textura equilibrada.
- Orientado al sur, sudeste o sudoeste, con buena iluminación.
- Protegido del viento del norte.
- Rico en nutrientes.

La adecuación de la parcela para plantar hortícolas requiere las siguientes operaciones preparatorias:

1. Realizar correcciones de textura, estructura y pH.
2. Realizar las labores preparatorias en profundidad.
3. Nivelar la superficie.
4. Diferenciar el espacio dedicado al cultivo.
5. Instalar el riego.

6. Realizar las labores preparatorias superficiales y mejorar sus condiciones nutritivas.
7. Dividir la zona en parcelas según distintos criterios y funciones.
8. Trazar accesos y caminos.
9. Siembras y plantaciones.

Realizar correcciones de textura, estructura y pH (tabla 8.1)

Tabla 8.1. Características del suelo para plantas hortícolas

Planta hortícola	pH	Composición
Acelga	6-7	Suelo pobre
Berenjena	5,4-6	Suelo equilibrado
Cebolla	5,5-6,5	Suelo arenoso
Espinaca	6-7,6	Suelo arcilloso
Haba	6-7	Suelo arcilloso
Lechuga	6-7	Suelo arenoso
Patatas	4,8-6,5	Suelo equilibrado
Pimientos	7-8,5	Suelo arenoso
Zanahorias	6-7	Suelo arenoso

La textura que se debe buscar ha de ser franca, y la estructura, granular. Si nuestro suelo no reúne las características adecuadas debemos proceder a su corrección (v. capítulo 2). En caso contrario, pasaríamos directamente al punto siguiente.

Realizar las labores preparatorias en profundidad

El suelo debe tener unos 30 cm como mínimo de profundidad. Las labores de este tipo se suelen hacer con motoazada. En los casos de suelos más compactados, conviene facilitar la penetración de las cuchillas rompiendo un poco el terreno con azadón y pico.

Las labores preparatorias han de hacerse en otoño-invierno para que el clima ayude en la tarea. Consisten básicamente en realizar una primera cava del terreno con restos vegetales secos y limpios de semillas, que se entierran y se dejan actuar bajo la lluvia y las heladas, para la disgregación de los terrones.

Nivelar la superficie

Para conseguir la nivelación de la parcela se trabaja con la devanadora y el nivel. El procedimiento consiste en trazar con la devanadora una equis de esquina a esquina de forma que el centro quede, aproximadamente, en el centro de la parcela.

Las cuerdas deben quedar a ras del suelo. Con el nivel se mide la inclinación y se va regulando, subiendo el pincho de la devanadora hasta conseguir la pendiente suave o la horizontal. Una vez reguladas las cuerdas, se reparten las tierras con rastrillo.

Si el desnivel se puede apreciar «a ojo» porque es excesivo, se mueven las tierras con palas y carretillas.

Diferenciar el espacio dedicado al cultivo

Para ello podemos recurrir a vallas metálicas o de madera, muros de obra (disimulados con trepadoras), plantaciones de árboles frutales, setos de arbustivas con fruto o aromáticas, o simplemente, bordillos que delimitan en bajo el terreno.

Instalar el riego

En estos momentos hemos de tener decidida la distribución de nuestros cultivos. En función de ellos determinaremos si vamos a realizar un solo tipo de riego (poco frecuente) o si vamos a recurrir a varios tipos en función del cultivo. Por lo general, podemos escoger entre goteo, tubería exudante y microaspersión (v. capítulo 6).

Realizar las labores preparatorias superficiales y mejorar sus condiciones nutritivas

Las labores superficiales son el volteo, el arado, la bina y la cava; se realizan con motoazada o con azada. El momento escogido para estas labores no puede ser cualquiera, sino que se han de seguir las dos consideraciones siguientes:

- Se realizan cuando el terreno tiene un buen *tempero*, es decir, cuando ni está muy seco ni se pega a la herramienta de trabajo por exceso de humedad.
- En función de la textura, en otoño se trabajan los suelos arcillosos, y en primavera, los arenosos.

Inicialmente, se distribuye en la superficie el abono. A continuación, se realiza la operación de movimiento de tierra para mezclarlo con ella y enterrarlo. Finalmente, se alisa con rastrillo o rodillo, quedando así preparado el terreno para la siembra o plantación.

Dividir la zona en parcelas según distintos criterios y funciones

El huerto debe distribuirse por criterios prácticos, hortícolas y estéticos, pero los segundos deben primar sobre los demás.

Una zona para árboles frutales y otra para plantas medicinales y arbustos frutales pueden completar la colección de contenidos más relevantes.

El resto de terreno se destinará a la *rotación de cultivos*, por lo que las parcelas deben estar claramente diferenciadas para facilitar la tarea. La rotación es la sucesión de especies diferentes en una misma parcela. Son muchas las ventajas de realizar rotación de cultivos:

* Aprovecha al máximo la fertilidad del suelo, ya que supone la sucesión de cultivos con necesidades nutritivas diferentes y que, además, obtienen los nutrientes a distinta profundidad del suelo.
* Aumenta la producción y reduce los gastos relativos al cuidado de los cultivos, el abonado y el riego.
* Ayuda a que no se utilicen fertilizantes ni plaguicidas químicos, ya que se consiguen plantas más resistentes y sanas, y, además, se evita la permanente aparición de plagas.

Los cultivos que se van incorporando a una parcela están condicionados por el cultivo anterior. Entre uno y otro es cuando se realizan las aportaciones de materia orgánica y los tratamientos fitosanitarios convenientes.

Reglas básicas para una buena rotación de cultivos
* Evitar que hortalizas de un mismo tipo de vegetación o de la misma familia botánica se sucedan entre sí.
* Alternar cultivos exigentes de materia orgánica con otros menos exigentes.

Clasificación de hortalizas por tipos de vegetación
(con la familia botánica a la que pertenecen entre paréntesis)
* *Hortalizas de hoja*: acelga y espinaca (quenopodiáceas), lechuga y escarola (compuestas) y coliflor (crucíferas).

- *Hortalizas de flor*: tomate, berenjena y pimiento (solanáceas), pepino, melón, sandía, calabaza y calabacín (cucurbitáceas) y fresa (rosáceas).
- *Hortalizas de raíz o tubérculo*: patata (solanáceas), zanahoria (umbelíferas) y rábano (crucíferas).
- *Hortalizas de tallo y bulbo*: apio (umbelíferas) y cebolla, ajo y puerro (liliáceas).
- *Leguminosas*: guisantes, habas, judías.

Clasificación de hortalizas por necesidades de consumo

- *Muy consumidoras*: repollo, pepino, apio, patatas, berenjena, puerro, coliflor, calabacín, calabaza, pimiento, acelga, tomate, espinaca.
- *Consumidoras medias*: melón, rabanito, cebolla, remolacha, ajos, puerros, espinacas, lechuga, pimiento, zanahoria.
- *Poco consumidoras*: judías, guisante, habas, fresas, plantas aromáticas, rabanitos. Las leguminosas son las más adecuadas para empezar una rotación o para seguir a una especie muy exigente, ya que favorecen la incorporación de nutrientes al suelo al fijar el N atmosférico.

Trazar accesos y caminos

Prepararemos los caminos perimetrales que permitan el acceso a los diferentes cultivos, de anchura suficiente para pasar con la maquinaria (motoazada) sin afectar a los cultivos. En el caso de no disponer de ella, tendremos que darles una anchura de unos 60 cm para poder pasar con la carretilla.

Siembras y plantaciones

Los diferentes modos de plantación son surcos, caballones y eras. Pero en el huerto la forma de iniciar un cultivo es a partir de semillas, aunque hay otras formas que también son muy utilizadas, como las porciones de tubérculo en el caso de la patata. Las formas de iniciar el cultivo con estas partes suele ser directamente en el terreno, mientras que las semillas se suelen sembrar en semilleros por las ventajas que se especifican a continuación.

Semilleros

Se suelen sembrar en semillero plantas que aguanten bien el trasplante; en caso contrario, como el de las zanahorias, hay que ponerlas directamente sobre el terreno. La ventaja principal de los semilleros es que se trabaja en superficies reducidas, más fáciles de cuidar. El semillero también permite hacer una selección de las plantas más desarrolladas y fuertes y, sobre todo, adelantar los cultivos, ya que un semillero se puede hacer fácilmente en un lugar protegido como un invernadero, o una cajonera con tapa de cristal o plástico transparente.

Podemos recurrir a dos tipos de semilleros: en el suelo del fondo de la cajonera o en recipientes.

- **Semillero en el suelo**. Se ubicará en un lugar protegido y al sol. Sus dimensiones deben permitir llegar al centro para poder trabajar cómodamente. Antes de sembrar, el suelo debe estar libre de piedras y de restos de vegetación. Se puede utilizar un sustrato pobre en nutrientes, pero debe ser arenoso para permitir un buen drenaje. Antes de la siembra, hemos de haber dejado una superficie lo más lisa posible.

  Acto seguido, se siembra. Los dos métodos empleados son *a voleo* o *en líneas*. Habrá que realizar labores de *aclareo* si se ha sembrado demasiado junto.

  Finalmente se riega. Los primeros riegos tienen que ser muy cuidadosos para que el agua no arrastre la tierra ni las semillas. Hay que tener el semillero húmedo la mayor parte del tiempo.

- **Semilleros en recipientes.** Puede servir cualquier recipiente que tenga agujereado el fondo para que el agua pueda salir. La forma de proceder es como con el semillero en el suelo de la cajonera. La ventaja de los semilleros en envases es que se pueden trasladar y mantener en lugares cubiertos y protegidos.

Podemos ampliar la temporada de cultivo de algunas hortalizas fuera de la estación apropiada. Entre las técnicas más sencillas encontramos el *semiforzado*. Es una técnica que favorece el desarrollo del cultivo, en la primera o última fase y que emplea materiales simples. Los dos tipos más sencillos de semiforzado son las *campanas* y los *túneles*. Las campanas de vidrio o botellas de plástico transparente, colocadas encima de cada planta, concentran el calor del sol reduciendo el efecto de las bajas temperaturas y de los vientos. Los pequeños túneles de plástico deben posibilitar la apertura de sus extremos para permitir la circulación del aire en las horas de más calor, cerrándose por la noche.

▌ Calendario de operaciones de mantenimiento

Otoño

- Labrar y abonar para preparar las zonas de plantaciones primaverales: labrarlas, limpiarlas de residuos, abonarlas con un complejo organicomineral de efectos retardados.

- Podar y plantar *árboles, arbustos* y *frutales* caducifolios. Especies que perdieron las hojas y que, por tanto, han entrado en descanso.
- Plantar los *bulbos* con floración en primavera. Deben enterrarse en surcos llenos de mantillo ligero, recubriéndose con turba.
- Cortar, dividir y replantar vivaces y tapizantes. Deben estar bien cortadas.
- Cubrir el *césped* y la base de *todas las plantas*. Se dispondrá una capa aproximada de 2 cm de mantillo o compost, que las protegerá del frío y, al incorporarse poco a poco, las nutrirá y evitará las compactaciones invernales del suelo. Escarificarlo y semillar las zonas donde claree. Al final de la estación se debe esparcir por toda la superficie una capa de 2 cm de espesor de mantillo. Este mantillado, además de aportar las ventajas de la materia orgánica, lo protegerá de las heladas actuando como un *mulching*.
- Podar y plantar los rosales. Es necesario podar enérgicamente.
- A finales de otoño comienza la época de poda para la mayoría de las especies de árboles y arbustos (excepto las de floración primaveral temprana).

Invierno

- En zona de nevadas, hay que podar las ramas débiles de árboles y arbustos, y aplicar una capa de *mulching* para proteger las raíces de las heladas. Evitar la acumulación de nieve sobre las plantas.
- Abonar el suelo y labrar, escardándolo al mismo tiempo. Preparar las plantaciones primaverales.
- Podar los *setos*.
- Plantar y podar los *árboles* y *arbustos caducifolios*.
- Plantar *trepadoras*.
- Limpiar *vivaces*.
- Aplicar los tratamientos *fitosanitarios* preventivos.
- Podar intensamente los *rosales*, plantar los nuevos.

Primavera

- Comenzar los *riegos*.
- *Cavar* el terreno para airearlo tras la compactación del período invernal, facilitando la penetración del agua de lluvia y de riego.
- Realizar *escardas* para eliminar las malas hierbas que empiezan a aparecer.
- Aplicar el último *abonado* orgánico al inicio de la temporada y comenzar el suministro de minerales (fertilizaciones).

- Podar los *arbustos* que hayan florecido durante el invierno.
- Plantar los *bulbos* de floración estival.
- Dar la primera siega al *césped* para igualarlo. Allanarlo con el rulo compactador para comprimir lo levantado por el hielo. Resemillar las zonas que clareen.
- Plantar las *anuales* de floración estival u otoñal.
- Limpiar, cortar, dividir y replantar las *vivaces*.
- Vigilar la salud de los *rosales*.

Verano

- Intensificar los *riegos* y aplicarlos a primera hora de la mañana o por la noche.
- *Fertilizar* todas las especies.
- Podar *setos*, *árboles* y *arbustos* que no estén en floración.
- Aumentar la frecuencia de siega y de riego del *césped*, hasta regar incluso a diario o cada dos días, según las condiciones ambientales.
- Continuar las *escardas*.
- Eliminar de los *rosales* las rosas pasadas y los chupones verticales de raíz, que no producen flores.

9

EL JARDÍN PÚBLICO.
AJARDINAMIENTO DE CALLES

El jardín público es aquel que está destinado a un uso público, independientemente de quien haya llevado a cabo su promoción, implantación o mantenimiento. Para ello, determinaremos las características básicas de las principales formaciones con este uso: parques, jardines, campos (recintos) de feria o grandes espacios para acontecimientos al aire libre y aparcamiento, calles y, finalmente, plazas.

Parques urbanos o periurbanos

Los parques son amplias zonas con abundante vegetación, donde es posible abstraerse de la vida urbana, con su contaminación acústica y ambiental. Los periurbanos surgen, precisamente, al buscar grandes espacios que permitan dar servicio a un elevado número de usuarios, al tiempo que se mantengan las condiciones para el reposo y se eviten las interferencias urbanas.

En su diseño se toma como base las características del terreno, incluso realzando sus accidentes. Se caracterizan por la variedad de usos, integrando las siguientes áreas diferenciadas:

- Acceso.
- Áreas de paseo.
- Áreas de descanso.
- Áreas de juego (diferenciadas por edades).
- Instalaciones deportivas.
- Caminos interiores.
- Aparcamiento.
- Áreas de servicios para el usuario (quioscos, zona de picnic, etc.).

- Elementos especiales que confieren un elevado grado de singularidad: lago o estanque (practicables o con juegos de agua), monumentos conmemorativos, esculturas o exposiciones al aire libre.
- Zona de servicios de mantenimiento.

Desde el punto de vista vegetal, el diseño también es variado, tanto en tipos de vegetación como en las especies que lo componen. En los periurbanos puede resultar de interés su integración en el medio, y constituir una mejora del paisaje autóctono con toques o rincones exóticos. En cualquier caso, resulta imprescindible una zona de pradera.

Mantenimiento

El mantenimiento es considerable por la superficie a cuidar, y complejo, por la diversidad de tipos y de especies vegetales. (Consultar en el capítulo 2 el mantenimiento de cada tipo de vegetación.)

Jardines

De dimensiones menores que el parque pero muy variadas, así como su composición. Cobran especial atención los parterres, (figura 9.1).

Figura 9.1. Parterre con plantas de temporada (banderillas rodeadas de *impatiens* blancas).

Mantenimiento

El mantenimiento es complejo por la diversidad de formas y especies vegetales que componen un jardín.

■ Aparcamientos, campos de feria

Los aparcamientos y, en general, todos los grandes espacios para eventos al aire libre pueden estar divididos en calles cuya vegetación la constituyan árboles de sombra, caducifolios, casi de forma exclusiva, con algunos arbustos o plantas de temporada en la entrada y setos limitadores o perimetrales, trepadoras que cubran muros perimetrales para disimularlos y decorarlos (figura 9.2).

Figura 9.2. Modelo de soporte para trepadora muy utilizado en jardinería pública por su bajo mantenimiento; constituye una buena alternativa a las alineaciones de árboles en zonas estrechas.

Mantenimiento

Al estar cubierta la mayor parte del suelo con asfalto o losas y ser escasa la vegetación, el mantenimiento es bastante reducido. Vigilancia del correcto funcionamiento del sistema de riego, que preferiblemente será por goteo.

Poda de formación en los árboles, que se limitará a la eliminación de ramas mal dirigidas, y de saneamiento, eliminando las que se puedan romper por accidentes climáticos o golpes. Cavado de los alcorques tras el invierno de forma genérica y esporádicamente tras algún evento en que hayan resultado especialmente dañados, con aportes anuales de materia orgánica (mantillo o compost) y alguna fertirrigación con cisterna móvil o tanque (removible) en la instalación de riego si fuera factible. Tratamientos fitosanitarios preventivos en invierno contra las formas invernantes de insectos y contra las enfermedades frecuentes en la zona. Se evitará su aplicación inmediatamente antes o durante la celebración de acontecimientos en el recinto o en los días de máxima afluencia para evitar molestias a los usuarios. En el caso de tratamientos curativos, se detectará su necesidad con suficiente antelación como para permitir su aplicación con seguridad antes de su uso en la medida de lo posible.

Calles y viales

Tradicionalmente están diseñados con árboles de sombra de una misma especie y edad, separados regularmente. Deben permitir el uso peatonal y la circulación de los vehículos, así como la correcta visibilidad de las señales de tráfico y de aparcamiento. Pueden estar en plataformas elevadas, disponer de contenedores y estar bordeados de asientos construidos con el mismo material. Esta disposición es especialmente interesante en el caso de calles peatonales. Atención a los alcorques: se debe evitar el pisoteo de la tierra al pie del árbol, ya que provocaría una compactación excesiva impidiendo la correcta absorción de agua y la buena respiración de las raíces. Para calles estrechas, se recurre a árboles enanos.

Los viales, o amplias calles de tráfico principal, son espacios que admiten cualquier tipo de vegetación. En ellos la vegetación resulta muy importante como naturación de estas estructuras tan contaminantes en todos los aspectos (figura 9.3).

Mantenimiento

La poda sistemática será la consecuencia directa de una elección incorrecta de la especie. Las podas deben ser solamente de saneamiento y para la eliminación de ramas mal dirigidas en las primeras fases de desarrollo. Mantenimiento del alcorque (limpieza, cava y aporte de materia orgánica),

Figura 9.3. Ajardinamiento de un vial.

comprobación del sistema de riego por goteo (es preferible este sistema que el posible de tubería exudante por la mayor pérdida de presión de este último, si tenemos en cuenta que las longitudes suelen ser largas). Los tratamientos fitosanitarios serán los menores posibles y preferiblemente agrupados para que las aplicaciones sean también las menores.

Plazas

En general, todos los espacios libres delimitados por edificios y calles, según sus usos: peatonal, de vehículos (circulación y aparcamiento) o mixto. En cuanto a sus instalaciones se componen de zona de estancia y de juego. En la primera, los bancos a la sombra son imprescindibles, con papeleras cercanas, pero no anejas a los bancos para evitar malos olores y la desagradable sensación que puede provocar su excesiva cercanía. En la segunda, debe haber una zona de juegos para niños o espacio diáfano para sus propios juegos y disfrute de sus juguetes. Entre una y otra se dispondrá una fuente de agua potable. Los árboles para dar sombra pueden sustituirse por pérgolas con trepadoras de especies de hoja caduca. Al igual que en las calles, aquí también puede ser apropiado disponer jardineras a modo de plataformas elevadas, bordeadas de asientos (figura 9.4).

En las rotondas es muy importante que haya buena visibilidad, por lo que la vegetación de la corona exterior tiene que ser baja (figura 9.5).

143

Figura 9.4. Jardinera elevada para el ajardinamiento de calles y plazas.

Figura 9.5. Rotonda de pequeñas dimensiones.

Mantenimiento

El mantenimiento dependerá del número y tipo de vegetación que se haya incluido: el de los árboles será el mantenimiento para las alineaciones en calles, y el del resto, el sistema seguido en los jardines.

10

PLANTAS EN INTERIORES

▌Cuidados principales

La gran diversidad que presentan las plantas, así como el desarrollo de la jardinería, permiten que también sea posible el ajardinamiento de interiores, para el que sirven la mayoría de las indicaciones vistas hasta ahora. Las principales particularidades son las especies, la libre elección del sustrato y la incidencia de otros problemas de salud distintos a los que sufren las plantas en el exterior (figura 10.1).

Figura 10.1. Decoración interior (Hobbyflower).

Los principales cuidados son el *riego* adecuado y la *fertilización*, más frecuente en verano, media en primavera y otoño, y nula en invierno. Como cuidado especial tenemos el *cambio de tiesto* en aquellas plantas que lo necesiten (presencia de raíces en superficie, deformación del tiesto, decaimiento de la planta, etc.), utilizando sustrato enriquecido, específico para plantas de interior. Se realizará a finales del otoño, cuando han entrado en descanso vegetativo. Conviene colocar en la parte inferior del tiesto una capa de 2-3 cm de grava o tierra muy arenosa para facilitar el drenaje. También nos puede servir arcilla expandida como la que colocamos en la superficie para mantener la humedad y mejorar la estética, aunque su coste es elevado para este uso, para el que podemos emplear otro sustrato.

Especies

Para el interior de los edificios se utilizan mayoritariamente plantas de origen tropical, ya que van a estar a lo largo de todo el año en condiciones ambientales bastante homogéneas y sin bajas temperaturas durante el invierno por el uso de la calefacción. Las características generales de cultivo son: localización sin sol directo ni corrientes de aire, riegos ajustados a las necesidades, escasos en invierno (menores de lo que se indica en la tabla inferior) y sustrato con muy buen drenaje (figura 10.2).

Figura 10.2. Jardinera en interior de oficinas.

Las especies detalladas en la tabla 10.1 se han elegido por ser de fácil mantenimiento y gran disponibilidad en los viveros. Las alturas son aproximadas y muchas de ellas pueden superar la indicada como máxima en condiciones

Tabla 10.1. Especies de interior

Nombre común (nombre científico)	Interés	Suelo	Riego	Altura (cm)	Situación
Aralia (*Fatsia japónica*)	Hojas grandes y brillantes palmeadas Arbustiva	Rico	Frecuente	60-150	Semisombra
Aspidistra (*Aspidistra elatior*)	Hojas largas lanceoladas, con largos pecíolos erectos que surgen de la base	Universal	Frecuente	60-80	Semisombra
Chamaedorea (*Chamaedorea elegans*)	Pequeña palmera de hojas pinnadas	Rico	Moderado	100-200	Bien iluminada
Cheflera (*Schefflera arboricola*)	Hojas de 7 folíolos en redondo y variegadas (verde + amarillo)	Arenoso	Frecuente	100-150	Bien iluminada
Difembaquia (*Dieffenbachia seguine*)	Hojas grandes variegadas en amarillo o marfil en salpicaduras	Universal	Frecuente	70-150	Semisombra
Drácena (*Dracaena deremensis*)	Hojas largas y lanceoladas con franja interior verde oscuro ribeteada de gris	Arenoso	Moderado	70-200	Bien iluminada
Espatifilo (*Spathiphyllum wallisii*)	Hojas abundantes verde brillante, inflorescencia rodeada por una gran bráctea blanca	Rico	Frecuente	30-60	Semisombra

(Continúa)

Tabla 10.1. Especies de interior (*Cont.*)

Nombre común (*nombre científico*)	Interés	Suelo	Riego	Altura (cm)	Situación
Ficus (*Ficus elastica*)	Hojas grandes, brillantes y coriáceas	Rico	Frecuente	150-...	Bien iluminada
Filodendro (*Philodendron scandens*)	Trepadoras Hoja acorazonada	Rico	Frecuente	70-200	Semisombra
Helecho (*Nephrolepis exaltata*)	Abundante follaje de intenso color verde, con frondes muy partidas	Arenoso	Frecuente	70-100	Semisombra
Kentia (*Howea forsteriana*)	Hojas de largos pedúnculos erguidos que brotan de la base	Rico	Frecuente	300-400	Bien iluminada
Poto (*Epipremnum aureum*)	Trepadora. Hoja similar al filidendro pero variegada en amarillo	Universal	Moderado	60-...	Bien iluminada
Sanseviera (*Sansevieria trifasciata*)	Largas y estrechas hojas carnosas que brotan de la base	Universal	Moderado	90-100	Bien iluminada
Tronco de Brasil (*Dracaena fragans*)	Tronco del que brotan, a distintas alturas, grupos de largas hojas, variegadas o no	Universal	Moderado	100-200	Bien iluminada
Yuca (*Yuca elephantipes*)	De estructura similar a la anterior, desarrolla los grupos de hojas en los extremos	Rico	Frecuente	150-170	Bien iluminada

especialmente óptimas. *Riego frecuente* significa mantener el sustrato húmedo; *riego moderado*, dejar secar el sustrato entre riego y riego. Con respecto a la cantidad de agua a aplicar en cada uno de ellos, estará en función de la cantidad de sustrato, ya que será la necesaria para humedecerlo totalmente.

Salud de las plantas de interior

Las plantas de interior son afectables por las mismas plagas y enfermedades que las plantas de exterior, pero la incidencia es diferente. Debido a la diferencia de número hay remedios que aquí sí que es factible aplicar como tratamientos minuciosos, como por ejemplo, contra las cochinillas (que forman corazas); es adecuado quitarlas frotando con algodón impregnado en alcohol.

En cuanto a las enfermedades ambientales tenemos que prestar atención a:

• Riego.
• Humedad ambiental.
• Temperatura.
• Corrientes de aire.
• Iluminación.

Riego

El riego excesivo supone la principal causa de muerte de las plantas de interior. Un exceso de celo en este aspecto, que resulta mortal para la planta. Además, debemos asegurarnos de que el drenaje es óptimo. Antes de regar hemos de comprobar la humedad del sustrato no sólo en la capa superficial, sino también en profundidad. En muchos casos, la capa superficial se seca rápidamente, especialmente en invierno con la calefacción alta o en verano si la maceta está expuesta al sol directo o por efecto del aire acondicionado. Pero en el fondo de la maceta que cubre y embellece el contenedor se puede estar acumulando agua de riegos previos excesivos. Regaremos ajustándonos siempre a las necesidades de la especie, y ante la duda es mejor dejar sin regar, ya que la planta se recupera fácilmente de un ligero déficit hídrico, pero lo hace mucho más costosamente de un encharcamiento. También prestaremos atención a la temperatura del agua.

Humedad ambiental

La humedad ambiental en el interior está afectada por los equipos de acondicionamiento térmico: el aire acondicionado en verano y la calefacción en invierno. A pesar de los últimos avances en este campo, estos equipos resecan el ambiente, y al igual que es contraproducente para las personas, lo es también para las plantas. Las mismas soluciones que se toman para favorecer la humedad de cara al bienestar de las personas sirven para las plantas, pero de forma específica también podemos adoptar tres medidas que favorecerán un ambiente menos seco para las plantas. Una de ellas es agruparlas para que creen un pequeño «microclima» y se aporten humedad entre sí. Otra es aportar un volumen de agua libre; puede hacerse colocando junto a ellas un recipiente con agua (que quede oculto a la vista, si no es decorativo), o colocar la maceta sobre un plato o similar con agua, y guijarros que impidan el contacto del agua con el sustrato en el caso de macetas con orificio en la base para el drenaje. La tercera medida es pulverizar agua sobre la planta, aunque no es muy recomendable porque favorece la aparición de enfermedades criptogámicas.

Temperatura

La temperatura en el interior se ajusta para el confort de las personas, pero éste no coincide con el de las plantas. Las privamos del invierno por culpa de la calefacción y en verano las podemos someter a temperaturas muy bajas con el aire acondicionado, si bien este extremo es menos perjudicial. Evitar que aprecien el invierno puede causar falta de floración en algunas especies. Pero lo que afecta más gravemente a la planta, provocando la caída repentina de sus hojas, son especialmente los cambios bruscos de temperatura. Por ejemplo, someterlas de repente a temperaturas muy bajas cuando ventilamos una estancia en invierno, o las colocamos junto a la puerta de entrada directa desde la calle de unas oficinas o local comercial, o el caso contrario cuando se apaga el aire acondicionado en una oficina a las tres de la tarde en pleno verano. Este extremo se puede ver agravado por las corrientes de aire, que provocan la caída de las hojas que previamente se han puesto amarillas o se han retorcido, o el amarronamiento de las puntas o bordes de las hojas más expuestas. Con ambas causas, los efectos pueden ser inmediatos.

Necesidades lumínicas

Al igual que ocurre con las necesidades hídricas, cada especie tiene unas determinadas necesidades lumínicas, que, si no respetamos, perjudicarán el buen aspecto o incluso la supervivencia de la planta. La falta de luz puede tener diferentes efectos: crecimiento reducido o nulo, alargamiento de los entrenudos y hojas nuevas pequeñas y pálidas; que las puntas de las hojas adultas se sequen, que las hojas variegadas se tornen completamente verdes, ausencia de flores o caída de los capullos, que las hojas inferiores se sequen y caigan, etc. En el otro extremo tenemos el exceso de luz, o más exactamente la exposición directa a los rayos del sol, que puede provocar quemaduras en las hojas en forma de manchas claras e incluso en los tallos, así como el amarronamiento de los bordes y las puntas de las hojas. Muy pocas plantas de interior toleran el sol directo, especialmente el del mediodía.

■ Hidrojardineras

Las hidrojardineras son macetas equipadas con un depósito inferior de agua. Este sistema evita grandes problemas de la jardinería de interior, ya que la planta no tendrá nunca ni falta ni exceso de agua. El mantenimiento es mucho más espaciado, ya que, en condiciones normales, sólo es necesario llenar el depósito cada 3 meses.

Se puede utilizar con todas las especies que se trabajan en interior, si bien la adaptación es más favorable para aquellas con elevados requerimientos hídricos.

Encontramos gran variedad en el mercado, tanto de formas como de tamaños y acabados para integrar en cualquier ambiente. Las hay circulares, cuadradas y rectangulares. Las dimensiones respectivas mínimas están en torno a 18 cm de diámetro, 20 cm y 25 × 65 cm, hasta las máximas en torno a 79 cm de diámetro, 75 cm y 44 × 112 cm (según marcas y modelos). Los acabados más comunes son el polietileno de colores, metálico brillante o mate en varios tonos, y la lámina de madera o imitación (figuras 10.3 y 10.4).

Es muy aconsejable que incorporen *ruedas*, sobre todo cuando superan los 10 litros de capacidad, ya que llenas de sustrato y con las plantas alcanzan pesos elevados, difíciles de manejar, especialmente por una sola persona, que es como se suele realizar el mantenimiento de estos elementos (figura 10.5).

Plantación y mantenimiento en hidrojardinera

En la base se debe colocar una capa de 2 cm de un sustrato altamente poroso para que facilite el drenaje (perlita, por ejemplo). A continuación, se llena con sustrato específico para plantas de interior, que puede ir enriquecido con un fertilizante de liberación lenta, y se comprueba que los tubos de llenado y respiración se mantienen totalmente verticales y que los cepellones de las

Figura 10.3. Esquema de hidrojardinera (Hobbyflower).

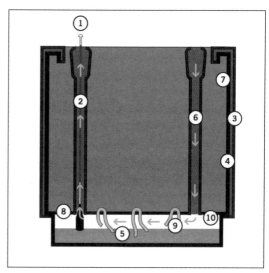

Figura 10.4. Esquema de hidrojardinera (Hobbyflower).

Figura 10.5. Modelo actual de hidrojardinera (Hobbyflower).

plantas quedan completamente rodeados de sustrato. El llenado finaliza con una capa del sustrato de drenaje para reducir la evaporación, o de un sustrato más decorativo (grava coloreada). A continuación, se riega para humedecer la mitad superior del sustrato, con agua a la que se puede añadir fertilizante líquido en la dosis recomendada por el fabricante, si no se aporta el sustrato con fertilizante. Finalmente, se procede al llenado del depósito por el orificio correspondiente. El depósito se debe llenar cada 4 meses, aproximadamente, aunque es aconsejable humedecer la capa superior del sustrato cada 4 o 5 semanas con agua a temperatura ambiente. Se vigilará la salud de las plantas y se aplicarán los tratamientos fitosanitarios o las medidas correctoras de cultivo (cambio de ubicación, etc.) que se consideren adecuadas.

Los elementos que la componen son los siguientes:

- Varilla recambiable, el color rojo indica depósito lleno.
- Tubo con respiradero que contiene la varilla indicadora de nivel de agua.
- Revestimiento decorativo.
- Cubeta interior.
- Depósito de agua.
- Tubo para el llenado de agua del depósito y para su aireación.
- Reborde característico, garantía de rigidez y resistencia.
- Plataforma para ensamblar tubos y mechas.
- Mechas conductoras de agua por absorción.
- Cámara de aire para la oxigenación del agua y de las raíces.

Hidrocultivo

El hidrocultivo consiste en el desarrollo de la planta con las raíces en un medio sólido inerte, inundado por agua con los elementos nutritivos disueltos.

La parte sólida sólo proporciona a la planta soporte, por lo que ha de ser un sustrato sin actividad química ni biológica, estable y poroso, que permita la libre circulación de la solución nutritiva. Además, es aconsejable que mantenga sus propiedades para poder reutilizarlo tras su desinfección. El más empleado es la arcilla expandida, seguida de la perlita.

La parte líquida es la encargada de cubrir las necesidades nutricionales de la planta. Está compuesta por agua con las sales minerales necesarias disueltas. La planta va absorbiéndolas según las va necesitando, de modo que midiendo el nivel de líquido y la variación de pH de la disolución comprobamos la necesidad de reposición.

Azoteas ecológicas

Las azoteas ecológicas constituyen una mejora importante y asequible de las condiciones de vida en zonas urbanas, ya que recuperamos la superficie natural usurpada por los edificios. Son una forma más de *naturación* (incorporación de la naturaleza a los elementos artificiales usados en la vida cotidiana: carreteras, vías de ferrocarril, edificios, etc.). No sustituyen a los parques o jardines, pero sí suponen un apoyo a las funciones de descontaminación de éstos.

Definición

Una azotea ecológica es la cubierta de un edificio en la que se dispone una impermeabilización antirraíces y una capa mínima de sustrato sobre la que se asientan especies vegetales de reducido desarrollo vertical. Se puede instalar en cubiertas ya construidas, planas o con pendiente inferior al 16%, ya sean transitables o no, ya que aporta muy poco peso al forjado, menos que la grava o la solería.

Especies utilizadas

En las especies vegetales utilizadas es en donde radica la gran diferencia entre la azotea ecológica y la ajardinada. En la ecológica se utilizan plantas de porte rastrero o tapizantes, con un sistema radicular reducido o de desarrollo horizontal, adaptado a un sustrato mínimo y pobre en nutrientes, que soportan las condiciones ambientales (en el clima continental, heladas invernales y sequía estival) sin riego. Son especies autóctonas, que por su escaso valor ornamental no se usaban en jardinería, salvo recientemente en las rocallas, como algunas crasas que acumulan agua en sus hojas modificadas para resistir la sequía: *Sedum album, S. dasyphillum, S. forsterianum, S. oreganum, S. reflexum, Messembrianthemum sp.*

Podemos ampliar el número de especies utilizables y mejorar su desarrollo evitando el estrés hídrico que supone la sequía estival. Para ello, encontramos dos soluciones en el mercado que acumulan el agua de lluvia, manteniéndola a disposición de las raíces: la azotea-aljibe o la instalación de paneles absorbentes bajo el sustrato.

Sustrato

Se han de disponer dos capas de distintas características:

- La *superficial* debe ser inerte para evitar el desarrollo de vegetación espontánea, y porosa para absorber rápidamente el agua de lluvia y retener la humedad: arcilla expandida, perlita, rocas volcánicas.
- La *inferior* ha de ser rica en nutrientes, pudiéndose incorporar lodos de depuradora. En conjunto, no ha de superar los 8-10 cm de grosor.

Ventajas

Las ventajas que supone la instalación de azoteas ecológicas son muchas, unas limitadas a los residentes en el edificio y otras se extienden al resto de los habitantes de la población: mejora el medio ambiente al retener partículas en suspensión, fomentando las corrientes de aire limpio. Aumenta la humedad atmosférica al retener el agua de la lluvia, reduce el agua que fluye por la cubierta (disminuyendo enormemente las reparaciones) y que ha de absorber el sistema de alcantarillado (de especial interés en el caso de lluvias intensas como por gota fría). Constituyen un considerable ahorro energético al aislar térmicamente el edificio. Aíslan también acústicamente, reduciendo el ruido aéreo hasta en 40 dB. Mejoran la habitabilidad de los espacios abiertos y suponen la recuperación de especies características de cada región, pero sin valor ornamental.

Ejemplo esquemático de una azotea ecológica (figura 10.6)

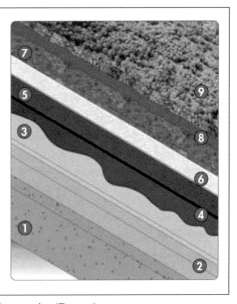

1. Soporte
2. Formación de pendientes
3. Capa de mortero de regularización
4. Imprimación asfáltica
   (mínimo de 0,3 kg/m²)
5. Membrana impermeabilizante
6. Capa filtrante geotextil de 150 g/m²
7. Panel retenedor de agua
   (espesor 16 mm)
8. Sustrato
   – Capa inferior de sustrato
     (mínimo, 6 cm)
   – Capa superior de rocas volcánicas
     (mínimo, 3 cm)
9. Variedad de plantas *sedum*

Figura 10.6. Capas de cubierta ajardinada extensiva (Danosa).

BIBLIOGRAFÍA Y PÁGINAS WEB

A continuación se presenta una selección de obras que profundizan en diversos aspectos de la jardinería.

Aubert C: *El huerto biológico*. Mundi-Prensa.

Briz J: *Naturación urbana: cubiertas ecológicas y mejora ambiental*. Mundi-Prensa.

Colegio Oficial de Ingenieros Técnicos Agrícolas de Cataluña (eds.): *Normas Tecnológicas de Jardinería y Paisajismo (NTJ)*.

Colombo A: *El jardín mediterráneo*. De Vecchi.

Furlani Pedoja A: *La poda ornamental*. De Vecchi.

Las podas de las especies arbustivas ornamentales. Mundi-Prensa.

Los Peñotes (centro de jardinería) (ed.). *Guía del jardín*.

Rama G: *El huerto*. Susaeta.

Royal Horticultural Society. *Árboles de jardín*. Blume.

Royal Horticultural Society. *Manual del jardín*. Blume.

Stevens D y Buchan U: *Enciclopedia del jardín*. Blume.

Stevens D: *Diseñar el jardín*. Blume.

Vázquez J: *Aplicación de productos fitosanitarios. Técnicas y equipos*. Mundi-Prensa.

Villalva S: *Plagas y enfermedades de jardines*. Mundi-Prensa.

Páginas web

Publicaciones y portales

www.casayjardin.es

www.ediho.es

www.floraguide.es

www.mundiprensa.com

www.tusplantas.com

Herramientas, maquinaria, complementos y materiales

www.asocoa.com
www.bellota.com
www.compo.es
www.danosa.com
www.elriego.com

www.euroadoquin.org
www.florlux.com
www.plastiken.com
www.stihl.es

Webs oficiales

www.mapya.es
www.mma.es
www.aearboricultura.com

Viveros, semillas, material vegetal

www.coproa.com
www.corma.es
www.mercatflor.com
www.plantasmediterraneas.com

www.semillasbatlle.com
www.todoplantas.net revista
www.zulueta.com

Grandes centros de jardinería, consejos...

www.acer-jardines.com
www.ecogarden.es
www.eljardindelosaromas.es
www.elpatiodemicasa.com
www.fronda.es

www.infojardin.com
www.lospenotes.com
www.marblenet.es/pjse/jardiesp.htm
www.qejdigital.com